업무 소통이 힘든
당신에게

당신과 나의 발전적 관계를 위한 대화법

업무 소통이 힘든 당신에게

소통과 인간관계로 고통받는 사람들을 위한 솔루션!

유경철 지음

마음의숲

타인과의 진정한 의사 소통을 원한다면,

제일 먼저 자신에 대한 이해가 있어야 한다.

또한 나 자신에 대해 알려면 타인과 나를 구분할 수 있어야 한다.

분별이 존재하는 곳에서만 관계가 생겨날 수 있다.

- 카를 구스타프 융Carl Gusta Jung

프롤로그

사람 때문에 고민하고 갈등하는 수많은 사람들을 위해 이 책을 바칩니다.

인간의 본질에 대해서 생각하고 고민하면서 중요한 사실을 알게 되었습니다. 사람들은 다른 사람들과 함께 살아 가기를 원하지만, 그러면서도 타인과의 관계에서 상처를 받고 있습니다. 그때부터 우리가 어떻게 상처를 덜 받으며 살아갈 수 있을까에 대한 고민이 시작되었습니다.

우리가 흔히 빠지는 '서로 같아야 한다'는 생각은 끊임없이 인간관계를 힘들게 합니다. 머리로는 인식하고 있지만 행동으로는 전혀 다른 모습을 보여주는 사람들. 이 모든 것은 결국 이성보다 감정이 앞서 나간 탓에 일어나는 일입니다. 우리는 모두 다르다는 사실을 인정하는 것에서부터 소통은 시작됩니다.

세상에는 너무나도 다양한 사람들이 존재합니다. 신념, 가치관, 성격기질, 감정, 욕구 모두 제각각입니다. 이런 사람들이 함께 생산적인 일을 한다는 것이 신기할 정도입니다. 그럼에도 조직 안에서 사람들은 협업하고 성과를 내야 합니다. 팬데믹 시대에 접어들면서 모든 것이 비대면, 디지털로 바뀌고 있지만 결국 일을 해야 하는 것은 사람들이기 때문입니다.

상사와 소통을 잘하고 싶다. 부하 직원과 더 좋은 관계를 맺고 싶다. 동료들과 함께 좋은 성과를 내고 싶다. 살아 가면서 행복한 인간관계를 맺고 싶다. 이런 마음을 가진 사람들에게 이 책이 도움이 되었으면 합니다.

이 책에는 인간관계, 갈등, 감정, 소통, 공감 등 조직에서 일어날 수 있는 많은 사례가 담겨 있습니다. 특히 기업 교육 강사로서 경험했던 리더십, 관계와 소통에 대한 갈등 사례를 기반으로 조직 생활을 하는 사람들에게 꼭 필요한 내용만을 담았습니다.

첫 번째 장 '상사에게 직원이 한 말씀 드리겠습니다'는 부하 직원으로서 상사와의 갈등을 어떻게 해결하면 좋을지에 대한 사례와 솔루션을 담은 장입니다. 가장 실천하기 어려운 것들이지만, 조직에서 마음 편하게 일하고 싶다면 꼼꼼하게 읽어 봐야 할 내용입니다.

두 번째 장은 '직원에게 상사가 한마디만 하겠습니다' 입니다. 여기서는 직장 내에서 업무적으로 얽히며 일어날 수 있는 다양한 문제 사례와 솔루션을 담았습니다. '이것만은 꼭 알려주고 싶다' 하는 주옥 같은 상사들의 동기 부여 팁들 또한 소개됩니다.

세 번째 장은 '90학번과 09학번이 잘 지내는 방법'입니다. X세대, 밀레니얼 세대, 90년대생, Z세대 등 여러 세대가 함께 일하고 있는 지금은 말 그대로 혼돈의 시대입니다. 아날로그와 디지털이 혼재되어 있는 업무 프로세스 때문에 세대 간의 갈등 또한 복잡해지고 있습니다. 각 세대별로 그들이 다른 이유, 다르지만 함께 해야 하는 이유 그리고 모든 세대가 어우러져 살아 가는 법을 배울 수 있습니다.

마지막 장은 '슬기로운 사내 대화법'입니다. 누구나 다른 사람들과 소통을 잘하고 싶고, 이를 통해 원하는 것을 얻고 싶어 합니다. 이 장에서 조직의 동료들과 대화 잘하는 법, 상대방에게 상처주지 않고 설득하는 법 등 완벽한 소통자가 되기 위한 솔루션을 배울 수 있습니다.

좋은 관계를 맺는 비결을 묻는 사람들에게 저는 이렇게 말합니다. "먼저 소통을 할 수 있는 마인드를 정립하고, 소통의 기술을 배워 꾸준히 연습해야 합니다"라고요. 좋은 몸을 만들려면 꾸준히 식이 조절을 하고 운동하는 것이 유일한 답이듯, 자신이 원하는 바가 있다면 인지한 것을 학습하고 부단히 실천해야 합니다. 이 책이 미래의 주인공이 되고 싶은 분들에게 행복한 미소를 주는 씨앗이 되기를 바랍니다.

눈부시게 아름다운 푸른 하늘이 보이는 작업실에서

소통과 공감 유경철

차례

2장 직원에게 상사가 한마디만 하겠습니다

3장 90학번과 09학번이 잘 지내는 방법

4장 슬기로운 사내 대화법

1장

상사에게 직원이 한 말씀 드리겠습니다

부장님, 제 말 좀 끝까지 들어주세요

: 자세히 듣지 않고 말을 끊는 상사

Q.

제 상사는 타인의 말을 경청하지 않습니다. 업무를 할 때 의견을 얘기하면 중간에 말을 끊고는 자기 의견만 장황하게 늘어놓습니다. 또 자기주장이 굉장히 강해서 반대되는 의견을 내면 격분하는 일이 잦고, 매사에 성질이 급합니다. 한번은 상사의 지시에 반하는 의견을 메일로 써서 설득하려 한 적이 있었습니다. 대화가 어려우니 메일로 돌파구를 찾아 보려 한 것입니다. 저는 의견을 너그러이 수용하는 상사와 일하고 싶습니다. 어

떻게 하면 상사가 제 말을 들어줄까요?

"파트장님, 제가 어제 아이디어를 냈던 조직 문화 개선 방안에 대해 구체적으로 설명드리겠습니다. 첫 번째는……."

"설명 안 해줘도 괜찮아요. 아침에 대략 살펴 봤고요. 괜찮은 내용도 있긴 한데 마음에 들지 않는 부분도 있네요."

"네. 그래서 더 구체적으로 설명을 드리려고 하는 겁니다. 제 말을 다 들어 보시고 결정을 해주셔도……."

"아니에요. 다 듣지 않아도 대략 윤곽이 잡힙니다. 우리 회사에 적용할 수 있는 안을 나중에 알려줄 테니 그것만 잘 정리해서 다시 가져오세요."

"파트장님, 제가 조사한 내용을 다 듣지도 않으셨는데……."

"제가 이 분야 경력이 몇 년입니까? 그 정도쯤은 알아요. 알아서 결정할 테니 가서 일이나 보세요."

이 문제, 어떻게 해결하면 좋을까?

부하 직원이 상사를 변하게 할 수 있을까요? 아주 드물게 그런 경우가 있기도 하지만, 보통 부하 직원의 힘으로 상사를 변화시키기는 어렵습니다. 상사와 부하 직원 사이의 위계 문제도 있지만 본래 상사는 직급이 올라갈수록 경청과 공감 능력이 현저히 떨어지게 됩니다. 경청을 하면서 일하는 경우보다 자신의 생각에 따라 지시를 하는 경우가 많아지고, 조직 내에서의 영향력도 점점 커지기 때문입니다. 물론 부하 직원들의 의견을 매번 경청하고 깊이 공감하는 상사들도 있지만, 흔하지는 않습니다.

따라서 상사의 경청 능력은 상사 스스로 깨닫고, 바뀌려 노력할 때 생깁니다. 리더십 진단이나 조직 진단과 같은 설문을 통해 자신에 대한 평가를 확인할 수도 있고, 리더십 교육이나 코칭과 같은 활동을 통해서 자신의 모습을 돌아 볼 수도 있습니다. '자기 인식'이 되지 않은 상태에서 변화하기는 어렵기 때문에, 리더가 스스로를 파악하는 일은 매우 중요합니다.

그렇다면 어떻게 효과적인 경청을 할 수 있을까요? 너무나 화가 나는 일이 있어 친구를 만나 하소연을 했습니다. 이때 친구가 묵묵히 나를 바라보며 내가 왜 화가 났는지, 얼마나 힘들었는지에 진심으로 공감하며 이야기를 들어준다면 문제 자체는 해결되지 않더라도 감정이 서서히 해소되고, 기분도 한결 나아질 것입니다. 이것이 바로 경청의 힘입니다. 대화를 할 때 경청을 잘 해주면 상대방의 감정이 정화됩니다. 열린 마음으로 공감하며 들어주는 행위만으로도 감정에 큰 변화가 일어나는 것입니다. 더 나은 기분은 업무 능률을 향상시키니 성과를 내야 할 때도 효과적이겠죠. 조직에서 일을 할 때 경청이 기본적인 자세가 되어야 하는 이유입니다.

일반적으로 '듣는다'는 말의 의미는 누군가의 말을 자기의 기준으로 듣는 일, 즉 나의 가치관에 따라 상대방의 이야기를 판단하는 것입니다. 그런데 일반적인 듣기 방식으로는 상대가 전하려는 의미가 왜곡될 가능성이 큽니다. 내용을 완벽하게 이해하려 하지 않고 대충 듣거나 다른 생각을 하면서 듣는 경우도 많기 때문입니다. 하지만 대부분의 사람들은 귀를 열고만 있으면서 '난 말을 제대로 듣고 있어'라고 착각합니다.

반면 경청은 상대방의 말과 느낌을 실제로 '이해하는 것'입니다. 말로 표현된 것 이상의 의도, 감정, 정황 등을 말하는 사람 중심으로 생각하고 반응하는 듣기 방식이 바로 경청입니다. 경청이 어려운 이유가 여기에 있습니다. 끈기와 인내심이 필요한 기술이기 때문에 경청을 잘하고 싶다면 말하고 싶은 것을 참고, 듣기 싫어도 끝까지 듣는 연습을 꾸준히 해야 합니다.

세계적인 리더십 학자 스티븐 코비Stephen Covey는 경청의 방식을 5단계로 나누었습니다.

1단계는 '무시하기'입니다. 상대방의 이야기를 아예 무시하는 단계로, 상대가 말하는 것조차 허용하지 않습니다.

2단계는 '듣는 척하기'입니다. 상대방의 이야기를 겉으로 듣는 척만 하고 속으로는 전혀 다른 생각을 하고 있는 상태입니다.

3단계는 '선택적 듣기'입니다. 조직에서 회의를 할 때 특히 선택적 듣기를 하는 경우가 많습니다. 듣는 사람이 자기가 듣고 싶은 내용만 듣기 때문에 나중에 대화 내용을 다시 확인했을 때 그런 말을 했는지조차 기억하지 못하는 상황이 생길 수 있습니다. 이는 자신의 이야기를 마친 후 다른 사람이 이야기할 때, 혹은 대화 주제에 관심이 없거나 자신과 관련 없는 대화를 할 때 흔히 발생합니다.

4단계는 '귀 기울여 듣기'입니다. 상대방이 한 이야기의 의미를 생각해 보면서 제대로 들으려고 노력하고 최대한 이해하려 하는 단계입니다.

마지막 5단계는 '공감적 경청'입니다. 상대방의 이야기에 귀를 기울이는 것만으로는 충분하지 않을 수 있습니다. 공감적 경청은 귀 기울여 듣기에서 더 나아가 말하는 사람의 의도와 본심을 이해하려고 노력하는 단계입니다. 자신이 들은 내용을 말하는 사람에게 재차 확인하면서 의도를 파악하려고 하며, 상대방에게 온전히 집중합니다.

경청은 쉽지 않으므로, 일반적으로는 4단계만으로도 충분합니다. 그러나 우리가 목표로 해야 할 것은 5단계, 공감적 경청입니다. 상대방에게 집중하며 그의 본심까지 이해하려 한다면 누구와도 원활한 소통을 할 수 있을 테니까요.

김 사원은 퇴근 후 어머니 생신 기념으로 집에서 저녁을 먹기로 했습니다. 퇴근을 하려는데, 갑자기 상사가 내일 사장님께 보여드릴 보고서를 준비해야 한다며 김 사원에게 도움을 요청했습니다. 어머니 생신이라고 얘기하고 그냥 갈 수도 있었지만 상사가 워낙 다급하게 요청을 했고, 모두 퇴근을 해서 김 사원 외에는 도와줄 사람이 없었습니다. 어쩔 수 없이 보고서 작성을 돕다 보니 밤 10시가 되었습니다. 물론 8시쯤 미리 어머니에게 전화해 오늘 식사를 할 수 없게 되었다고 말씀드리긴 했지만, 마음이 무척 불편했습니다. 집에 도착했을 때는 이미 11시였고, 부모님은 주무시고 계셨습니다.

다음날 김 사원은 직속 상사인 박 과장에게 어제의 고충을 이야기했습니다. 이 상황에서 박 과장이 보일 수 있는 태도는 다음과 같습니다.

1단계(무시하기): 음, 그렇군…….

2단계(듣는 척하기): 그런 일이 있었구나. 그건 그렇고 우리 빨리 회의 가야지.

3단계(선택적 듣기): 아, 어젯밤에 그런 일이 있었어? 조직 생활을 하다 보면 그런 일이 자주 있지. 나도 사원 시절에 부모님 생신은 물론 여자 친구 생일, 기념일 챙겨 본 적이 거의 없어. 맨날 야근하느라 그런 것까지 챙기긴 힘들었지. 아, 그때 생각하면 정말 눈물 날 것 같아.

4단계(귀 기울여 듣기): 아, 어젯밤에 그런 일이 있었단 말이지? 어머니에게 많이 죄송했겠네. 마음 풀어.

5단계(공감적 경청): 어제 그런 일이 있었어? 팀장한테 솔직하게 말하지 그랬어. 하긴 상황이 급해서 대안을 찾기가 쉽지 않았을 거야. 김 사원은 역시 책임감이 강해. 주인 의식도 있고. 다른 사람이라면 어떻게든 빠져 나가려고 했을 텐데. 앞으로 좋은 리더가 될 재목이야. 그래도 어머니는 서운하셨겠네. 오늘 오후에 외부 미팅 있지? 일찍 끝나면 바로 집에 가서 어머니 저녁이라도 사드려. 그리고 케이크 쿠폰 보내줄 테니까 늦었지만 오늘이라도 생신 꼭 축하해드리고. 알았지?

김 사원이 박 과장에게 원하는 것은 자신의 이야기를 끝까지 들어주고 공감해주는 것입니다. 5단계에서 박 과장은 김 사원의 서운했던 마음을 충분히 이해해줬고, 김 사원이 가지고 있던 어머니를 향한 죄송한 마음까지 다독여주었습니다. 더불어 선물을 주는 센스까지 보여줌으로써 최고의 소통을 했습니다. 경청이란 이처럼 상대방의 의도와 본심을 파악해서 이해하는 일입니다. 그 후에는 칭찬을 해주면 더욱 좋습니다.

어떻게 하면 경청을 잘하는 사람이 될 수 있을까요?

먼저 입을 다물고 모든 감각 기관을 총 동원해 온몸으로 듣는 일부터 시작하면 좋습니다. 사례에서처럼 부하 직원이 개선 방안을 보고하면 우선 끝까지 들어야 합니다. 물론 더 많은 지식과 경험이 있어 굳이 듣지 않아도 되는 상황이라 해도, 끝까지 귀 기울이는 것이 중요합니다. 힘들고 지치더라도 들어주어야 합니다.

상대방의 말을 도중에 차단하지 않는 것이 무엇보다 중요합니다. 이야기를 듣다 보면 내용이 이해가 되지 않을 때도 있고 내 생각과 반대되는 의견이 나올 때도 있습니다. 이때 중간에 말을 끊고 내 생각을 이야기하기가 쉬운데, 상대방을 무시하는 것으로 보일 수 있으니 주의해야 합니다. 대화의 방향이 심각하게 잘못되었거나 내용에 문제가 있다면 먼저 "내가 꼭 해야 할 말이 있는데 해도 될까?" "듣다 보니 오해하고 있는 부분이 있는데, 관련해서 내가 설명해줘도 될까?"같은 말로 양해를 구하고 대화를 멈춰야 합니다.

또한 상대를 미리 판단하지 않아야 합니다. 자주 불만을 토로하는 직원과 대화를 할 때는 '이 직원은 불만이 많다'는 프레임에 갇혀 어떤 주제로 이야기하든 부정적인 판단을 깔고 대화하게 될 가능성이 큽니다. 그러면 부정적인 결과나 피드백이 나올 가능성 또한 커지게 되므로, 대화를 할 때는 개인적인 감정은 잠시 내려놓고 이야기의 주제에만 집중해야 합니다.

인간은 감정의 동물이기에 모든 생각이나 행동이 감정과 연결되어 있습니다. 그러니 한번 나쁘게 생각한 사람을 계속 같은 이미지로 생각하는 것은 어쩌면 당연할지도 모릅니다. 그러나 경청을 잘하는 사람들은 프레임에서 벗어나 지금 이야기하는 주제에 주목하려 애씁니다. 상대방을 조금 더 객관적이고 올바르게 판단하기 위해서입니다. 이는 경청에 있어 매우 중요한 부분입니다.

다음은 라포 형성하기(반응 보이면서 듣기)입니다. 상대방이 이야기할 때 눈을 똑바로 보면서 열심히 듣고 있다는 무언의 신호를 주면 좋습니다. 상대방의 표정, 목소리, 몸짓 등을 오감으로 확인하면서 상대방이 어떤 감정 상태인지 파악하는 것 또한 매우 중요합니다. 페이싱Pacing, 미러링Mirroring, 백트래킹Backtracking과 같은 스킬을 활용해 상대방의 무의식을 열어주는 대화를 하는 것이 가장 효과적입니다. 상대방이 처한 상황을 제대로 알고 있으면 대화하기가 무척 수월해지니까요.

다섯 번째는 편안한 분위기 만들기입니다. 대화를 할 때 가장 중요한 것은 분위기입니다. 따뜻한 분위기를 유지하면서 핵심 메시지를 자신의 말로 정리하고, 상대방이 진심으로 원하는 것이 무엇인지 물어 보면 됩니다. 사람들은 안전하다고 느낄 때 자신의 마음을 완전히 보여줍니다. 심리적 안정감이 중요한 이유가 바로 이것입니다. 신뢰가 형성되면 서로 알아가기가 쉬워지니까요.

오감을 적절히 활용하면 더욱 효과적으로 경청할 수 있습니다. 먼저 귀로는 소리를 듣습니다. 이때 상대방이 하는 말의 의미를 생각하면서 제대로 듣고, 마음의 소리에도 귀를 기울여야 합니다. 상대방이 진심으로 원하는 바가 무엇인지 확인하는 것입니다. 온 에너지를 상대방에 집중시키면 진짜 감정과 본심이 느껴집니다.

눈으로는 비언어 메시지를 확인합니다. 상대방의 표정과 목소리 톤, 몸동작을 살펴보면서 상대방이 기분이 좋은지, 나쁜

지, 침울한지, 활기찬지 살핍니다. 비언어 메시지는 사람이 말로 미처 전하지 못한 많은 것을 보여줍니다.

마음의 소리를 듣고 비언어 메세지를 읽어 상대방의 본심을 파악했다면, 내가 제대로 들었는지 입으로 확인합니다. 만약 잘못 이해했다면 상대방이 다시 설명해줄 것입니다.

많은 사람들이 소통을 잘하는 사람을 경청하는 사람이라고 꼽습니다. 그만큼 어렵기 때문입니다. 훌륭한 리스너가 되는 것은 훌륭한 리더가 되는 길이기도 합니다. 나이를 먹고 연차가 올라갈수록 의도적으로 상대방의 의견을 듣고자 하고, 이를 지속적으로 연습해야 합니다.

바쁜 사람들을 위한 요약

경청을 잘하려면 상대방의 말을 진심으로 귀담아들으면서 상대방의 말을 중간에 끊지 않아야 합니다. 이때 상대방이 드러낸 본심에 대해 적절한 리액션을 보여야 하며, 대화할 때의 분위기 또한 편안하게 유지해야 합니다.

팀장님 말 너무 많지 않아요?

: 직원들과 대화를 많이 해야 한다는 신념을 가진 상사

Q.

저희 팀장님은 말이 너무 많습니다. 퇴근 시간이 지났는데도 잠깐 이야기 좀 하자며 30분 이상 이야기합니다. 1주일에 최소 1번 이상, 어떤 주는 매일 그런 적도 있습니다. 대부분 업무 이야기이긴 하지만, 이미 했던 말을 하고 또 합니다. 팀장님은 도대체 왜 그러실까요?

"오 대리, 잠깐 나랑 회의실에서 이야기 좀 해요."

"네, 팀장님."

"퇴근 시간이 다 되긴 했지만, 업무 관련해서 몇 가지 확인할까 해서요. 지난주에 지시했던 업무들은 잘 진행되고 있나요?"

"네, 완료되면 보고 드리겠습니다. 이미 여러 번 말씀하신 것들이라 다 잘 챙기고 있습니다."

"그래도 계속 확인을 해야 안심이 되어서요. 조금 번거롭더라도 이렇게 자주 미팅하면서 확인하는 게 좋을 것 같아요."

"네? 미팅 시간이 너무 길어져서 그 시간에 집중해서 일하는 편이 더 효율적일 것 같습니다만……."

이 문제, 어떻게 해결하면 좋을까?

팀장의 심리를 잘 살펴봐야 합니다. 직원들과 빈번하게 미팅을 하고, 했던 이야기를 자꾸 반복하는 것은 팀장이 어떤 신념을 가지고 있기 때문입니다.

우리는 누군가에 대해 알고 싶을 때 주로 그 사람의 이름, 가족, 직업, 나이 등을 묻습니다. 그러나 이런 것들은 환경적인 정보에 불과합니다. 한 사람을 제대로 알기 위해서는 그의 신념과 가치관을 아는 것이 중요합니다. 그것들이 사람의 행동과 사고방식을 결정하니까요.

아이를 키우는 한 가정의 남편에게 “여성이시죠?”라고 물어보면 그는 그 질문에 대해 어떻게 생각할까요? 많은 경우에 상대방이 이상한 질문을 했다고는 생각해도 기분이 크게 나쁘지는 않을 것입니다. 그러나 다짜고짜 “당신, 아빠 역할 제대로 못하고 자녀들 교육도 잘 못 시키고 있죠?”라고 묻는다면 기분이 어떨까요? 실제로 아이에게 잘하지 못한다 해도 매우 기분이 나쁘겠죠. 아이를 키우는 방식에 대한 자신만의 신념을 건드렸기 때문에 기분이 나빠지는 것입니다.

세상과 자신 그리고 살아가는 제반사에 대하여 확실히 그렇다고 믿거나 그러면 안 된다고 믿는 마음이 곧 신념입니다. 사람은 누구나 신념을 갖고 살아갑니다. 신념은 사람을 이끄는 원칙으로 작용하여 생각, 감정 그리고 행동을 지배합니다.

우리의 마음속에는 수많은 큰 신념과 작은 신념들이 뒤엉켜 있습니다. 종교나 정치적 선호와 같은 큰 신념은 바뀌기 어렵습니다. 그러나 “타인을 배려해줘야 한다” “지각을 해서는 안 된다”와 같은 작은 신념들은 의지만 있다면 변화할 수 있습니다. 수천, 수만 가지의 크고 작은 신념들이 모여 사람의 정체성을 만듭니다.

소통을 잘하는 사람은 작은 신념들을 유연하게 변화시키는 사람입니다. 사람들은 제각기 다른 신념을 가지고 있기 때문에 어떤 상황을 바라보는 패러다임 또한 다를 수밖에 없습니다. 그것이 갈등의 원인이 되기도 합니다. 이때 작은 신념들을 유연하게 변화시킬 수 있다면 갈등 없이 대화할 수 있습니다.

사례의 팀장에게는 "직원들과의 대화를 통해 업무 확인을 반복적으로 해야 한다"는 작은 신념이 있습니다. 그래서 어떻게든 팀원들과 대화할 기회를 많이 만들고, 업무 진행을 일일이 확인하는 과정에서 말을 반복해서 하게 되는 것입니다.

팀장이 자신의 신념에 문제가 있음을 스스로 깨닫고 변화하는 것이 가장 이상적입니다. 팀장이 이를 인지하지 못하고 있다면 팀원의 입장에서 팀장에게 그의 행동이 왜 불편한지 솔직하게 말하고, 반복해서 확인하지 않아도 충분히 업무를 잘 해결할 수 있다고 피드백해야 합니다. 작은 신념은 타인의 피드백을 통해 충분히 바뀔 수 있습니다.

조직에서 흔히 볼 수 있는 신념들과 그로 인한 갈등 사례들은 다음과 같습니다.

'워라밸Work-life-balance을 지키기 위해서는 반드시 칼퇴근을 해야 한다'는 신념을 가진 팀원이 있다면 그 팀원은 대부분 저녁 6시에 칼퇴근을 할 것입니다. 그러나 칼퇴근을 싫어하는 신념을 가진 상사가 있다면 팀원의 행동 자체에 문제가 없더라도 둘 사이에 갈등이 생길 수밖에 없습니다.

기성세대 상사들은 대개 '상사가 주최한 팀 회식은 꼭 참석해야 한다'는 신념을 가지고 있습니다. 그러나 밀레니얼 세대나 Z세대 직원들은 회식을 꼭 가야 할 필요가 없다고 생각합니다. 회식 때문에 생기는 갈등들은 이처럼 세대별로 신념이 다르기 때문입니다.

또 '내 휴가를 자유롭게 사용하는데 남이 무슨 상관인가'라는 신념을 가진 직원들은 편하게 휴가를 길게 붙여서 쓸 것입니다. 그러나 '길게 자리를 비우는 것은 동료에게 민폐'라는 신념을 가진 사람들은 휴가를 길게 가는 사람들이 매우 불편하겠죠.

'월요일에는 연차를 쓰지 않는다'는 신념을 가진 리더를 만난 적이 있습니다. 월요일은 한 주의 시작이기 때문에 무조건 출근해서 그 주의 계획을 세워야 한다는 것이었습니다. 그래서 팀원들이 월요일에 연차를 내면 다른 날 쓰라고 설득했다고 합니다. 물론 모두가 그 의견에 동의하면 좋았겠지만, 월요일에 연차를 꼭 내고 싶어 하는 직원과는 갈등을 피할 수 없었을 것입니다.

신념은 누가 만들어주는 것이 아닙니다. 삶을 살아가는 과정에서 환경의 영향을 받아 스스로 판단하고 생각하여 가지게 됩니다. 중요한 점은 앞서 이야기했듯 작은 신념들을 유연하게 변화시키는 것입니다. 자신이 가진 신념만이 옳다고 주장하면 타인이 힘들어지니까요.

이처럼 우리가 가진 신념은 타인과의 관계에 결정적인 영향을 미칩니다. 작은 신념의 변화가 새로운 관계를 만들 수도 있고, 소통을 수월하게 하는 물꼬가 될 수도 있습니다. 그렇기에 자신의 신념을 돌아보고 그 신념을 어떻게 유연하게 변화시킬지 생각해 보는 것은 상당히 의미 있는 일입니다.

바쁜 사람들을 위한 요약

신념은 사람을 이끄는 원칙으로 작용하여 그의 생각, 감정, 행동을 지배합니다. 상대방을 이해한다는 것은 곧 타인의 신념을 이해하는 것입니다. 자신의 작은 신념에 유연성을 발휘하는 일은 타인과의 관계 형성과 원활한 소통에 큰 도움이 됩니다.

부장님, 그렇게 하시면 안 될 것 같은데요

: 부정적 피드백을 받아들이지 못하는 상사

Q.

상사에게 업무에 있어 아닌 걸 아니라고 솔직하게 말했더니, "들어보니 네 말이 맞는 것 같다. 그렇지만 버릇이 없네"라는 답이 돌아왔습니다. 상사가 이렇게 감정적으로 나오면 어떻게 해야 할지 모르겠습니다. 사람마다 소통을 하는 방법이 다르다는데, 이럴 땐 어떻게 소통하는 것이 좋은지 알고 싶습니다.

"오 사원, 내가 지난번에 말했던 시안으로 홈페이지 작업 들어갔죠?"

"부장님, 전체 팀 회의에서 말씀하신 시안이 최선책이 아니라는 의견이 많이 나와서 3번 시안으로 작업 진행하려고 합니다. 그때 부장님께서 전체 의견이 모아지면 그것으로 하라고 말씀하셨거든요."

"아, 그렇게 말하긴 했는데……. 그래서 3번으로 한다는 거예요? 난 1번이 좋던데."

"하지만 3번 시안이 좋다는 의견이 압도적으로 많이 나와서요."

"오 사원, 입사한 지 3년 되었죠? 또박또박 말을 잘하는군요. 나와 20년 차이 나는 거 알죠? 요즘 직원들은 버릇이 없어서……."

이 문제, 어떻게 해결하면 좋을까?

많은 사람들이 일을 할 때 상대방과 어떻게 소통하면 좋을지 고민합니다. 그래서 소통이라는 이슈가 조직에서 가장 큰 문제로 언급되는 것입니다. 왜 소통이 되지 않는가에 대해 연구한 다양한 이론과 적용되는 여러 사례가 있지만, 여기서는 모든 사람이 가지고 있는 '소통의 창'에 대해 알아보도록 하겠습니다.

조해리의 창Johari's windows은 1950년대 미국의 심리학자 조셉 루프트Joseph Luft와 해리 잉햄Harry Ingham이 정리한 심리학 이론으로, 두 사람의 이름 앞 글자를 따서 이름 붙인 것입니다.

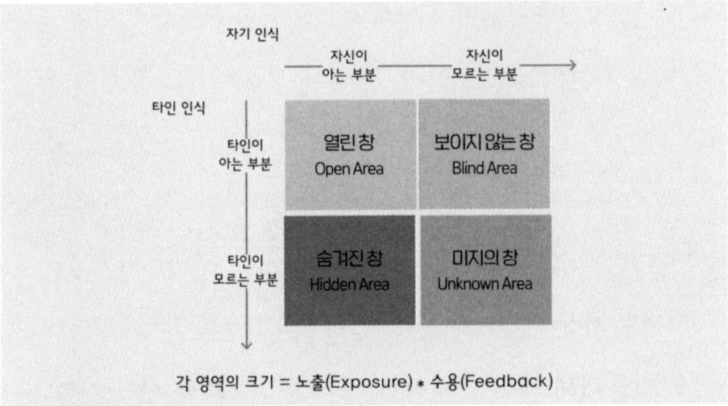

조해리의 창 이론에 의하면 사람들은 누구나 4개의 창을 가지고 있으며, 사람마다 각 창의 크기가 다릅니다. 자신과 타인이 모두 아는 부분은 '열린 창-공개된 영역Open area'이라고 합니다. 자신은 모르지만 타인은 아는 부분은 '보이지 않는 창-맹목의 영역Blind area'이라고 합니다. 자신은 알고 있지만 타인은 모르는 부분은 '숨겨진 창-숨겨진 영역Hidden area'이라고 합니다. 마지막으로 자신도 모르고 타인도 모르는 부분은 '미지의 창-미지의 영역Unknown area'이라고 합니다. 사람들은 각기 다른 창의 크기를 가지고 있지만, 대체로 4가지 유형 중 하나에 해당됩니다.

–유리창형

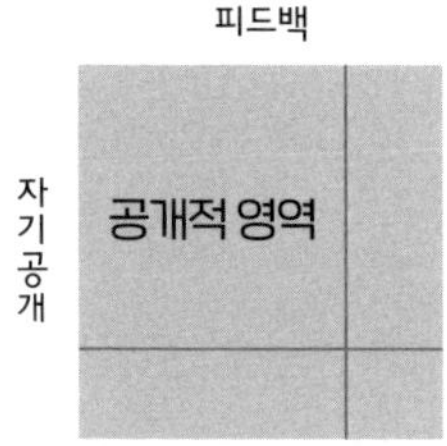

'개방형'이라고도 부르는 이 유형의 사람들은 자기표현도 잘하고 타인의 의견도 잘 수용하는, 이상적인 소통을 하는 사람입니다. 자신이 어떤 사람인지 정확히 알고 있으며 타인에게도 자신에 대해 최대한 많이 알려주려고 애씁니다.

개방형 사람들은 자기 생각을 대부분 공개하려고 하고 갈등 상황이 생기더라도 합의 과정을 거쳐 문제를 해결하려고 합니다. 타인의 생각을 잘 받아들이고 자신의 생각도 진솔하게 말하기 때문에 가능한 일입니다.

이들은 처음부터 솔직하게 말하기 때문에 그런 상황에 익숙하지 않은 사람에게 오해를 살 수도 있으나, 시간이 지나면 지날수록 신뢰를 얻게 됩니다. 언제나 상대방에게 공감할 준비가 되어 있어서 상대방이 존중받고 있다고 느끼기 때문입니다.

이 유형의 사람들은 '나는 처음부터 솔직하게 모든 것을 말할 수 있지만, 상대방은 그렇지 않을 수도 있다'고 가정하는 연습을 해야 합니다. 처음부터 자신의 마음을 드러내고 싶지 않은 사람들도 있으니까요.

자신의 입장보다는 상대방의 입장을 배려하는 소통을 할 때 업무적으로 더 좋은 결과를 얻을 수 있으므로, 자신의 생각을 솔직하게 말하면서 제안하는 소통 방법을 사용하는 것이 좋습니다. "저에게 새로운 아이디어가 떠올랐는데 함께 얘기해 보면 어떨까요?" "혹시 시간이 필요하면 더 드릴 수 있습니다. 어떻게 하는 게 좋으세요?" 이렇게 상대방을 배려하면서 제안하면 더 훌륭한 소통자가 될 수 있습니다.

–황소형

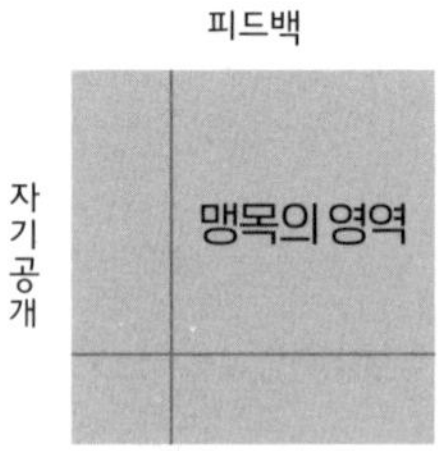

소통의 창에서는 '권위형'이라고 부릅니다. 타인의 의견에 귀 기울이지 않아 맹목적 영역이 넓어진 사람들이 여기에 속합니다. 권위형 사람들은 스스로에 대해 잘 모르지만, 다른 사람들은 그를 금방 파악합니다. 타인에게 자신이 많이 노출되어 있는 것이지요. 이는 곧 자기 인식이 제대로 되지 않고 있다는 뜻이기도 합니다.

권위형은 자신의 감정과 생각이 옳든 그르든 그것을 뚜렷하게 표현합니다. 강한 자아의식을 가지고 있어 스스로 옳다고 생각하며, 자신의 권위를 강조합니다. 반면 타인이 자신을 어떻게 생각하는지에 대해서는 잘 모릅니다. 피드백을 받으려 하지도 않고, 설령 받았다 하더라도 자기중심적으로 생각하기 때문에 거의 변화하지 않습니다.

상사가 권위형인 경우 의견을 제시하면 묵살되기 쉽습니다. 권위형은 자신의 신념과 지위에 순응하는 정보를 선별하여 인식하는 인지 편향*이 매우 두드러지니까요. 그래서 권위형과 소통하는 사람들은 답답함을 느끼고, 나중에는 자기 의견을 말하는 것을 포기하게 됩니다. 따라서 이 유형의 사람들은 반드시 타인의 피드백을 받아들여 자기 인식을 제대로 해야 할 필요가 있습니다.

권위형은 다른 사람들에게 권위 의식이 강하고, 이기적이고, 공격적인 사람으로 보여질 수 있습니다. 소통을 하고자 하는 상대방은 자신의 의견이 무시당한다고 생각해 이들에게 반감

* 인지 편향: 사람이나 상황에 대한 비논리적인 추론에 따라 잘못된 판단을 내리는 패턴.

을 갖게 되고, 심하면 자신의 의견을 말하는 것에 두려움을 느끼기도 합니다.

만약 내가 권위형 상사라면, 리더십 평가가 좋지 않을 수 있으므로 소통할 때 직원들의 생각을 더 많이 들으려고 노력해야 합니다. 회의를 할 때 "오늘은 내 의견을 말하기보다 여러분의 의견을 많이 들어 보는 시간을 갖고자 합니다"라고 하면서 조직원들의 이야기를 충분히 들은 후, 자신의 의견을 내는 방식을 취하는 것이 좋습니다.

또 자신의 생각만 옳다고 주장하지 말고 '내 의견과 다르긴 하지만, 충분히 그렇게 생각할 수도 있어'라며 타인의 의견을 받아들여야 합니다. 지금까지 자신이 일방적으로 말해 왔다는 사실을 확실하게 인정해야 합니다. "내 의견만 일방적으로 말할 때가 많았지요. 앞으로 개선할 부분이 있으면 솔직하게 피드백해주면 좋겠습니다." 등의 말을 통해 변화 포인트를 찾아나가야 합니다.

이처럼 최대한 자신의 생각을 내려놓고 타인의 의견에 귀 기울이면서 생각의 접점을 찾아보려고 노력하는 자세가 필요합니다. 이를 계속 반복해야 실질적인 변화가 이뤄질 수 있습니다.

– 올빼미형

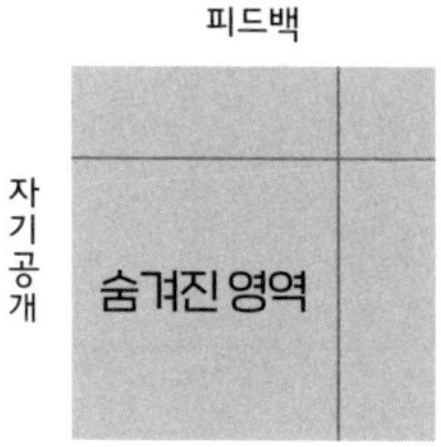

'눈치형'이라도 불리는 이 유형의 사람들은 자신을 노출하는 것에 반감을 갖고 있어 자신에 대해 잘 드러내지 않습니다. 타인의 말을 잘 받아들이나 속으로는 불신하는 경우가 많으며, 자신이 가진 정보를 다른 사람과 공유하려고 하지 않습니다. 자기 인식은 잘 되지만 자기 공개가 되고 있지 않기 때문에 상대방은 눈치형 사람들을 솔직하지 못하고 무성의하다고 생각할 수 있습니다. 또 갈등을 회피하는 경우가 많아서 눈치형 사람들과 문제가 생기면 해결이 쉽지 않습니다.

자신의 생각을 말하지 않으면 타인이 내 생각을 오해하거나 왜곡할 수 있기 때문에 일할 때 좋은 결과를 얻기 어렵습니다. 따라서 눈치형은 타인에게 무언가를 말할 때 '그들이 어떻게 생각할까' 같은 고민을 내려놓고 솔직하게 말하는 연습을 해야 합니다. "내가 사투리를 많이 써서 사람들이 싫어하겠지"와 같은 제한된 신념을 갖지 않는 것부터 시작하면 좋습니다. 또한 의견을 말할 때는 논리적으로 말하되, 감정과 기대를 적절하게 함께 표현해야 합니다. "제가 이런 제안을 하면 무모하다고 생각하실까 봐 걱정했습니다"와 같은 표현을 사용하는 것도 매우 좋은 방법입니다.

–거북이형

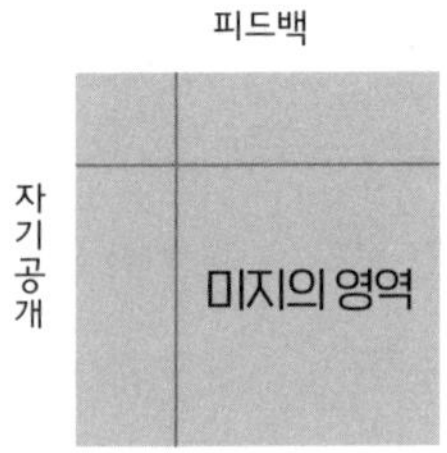

소통의 창에서 '고립형'이라고 부르는 이 유형의 사람들은 자신의 생각이나 의견을 표현하는 것을 꺼릴 뿐만 아니라 상대방의 말에도 귀를 기울이지 않습니다. 기본적으로 위험을 회피하고 자기 보호에 지나치게 관심을 둬, 상대방에게 오해를 많이 사는 유형입니다.

고립형은 조직에서 일할 때 상대방이 가장 답답함을 느끼는 유형이기도 합니다. 대인 관계가 제한적이고 커뮤니케이션에 문제가 많이 발생하기 때문입니다. 사람들은 고립형을 소극적이고 고집이 세다고 생각합니다. 일을 처리함에 있어 적극적이지 않아 실질적으로 변화해야 할 포인트에서도 제대로 결정하지 못하니까요. 이런 상황이 반복되면 이기적인 사람이라는 평가를 받을 수도 있으며, 상대방이 아예 소통을 시도하지 않을 수도 있습니다.

자신이 고립형에 속한다면 바로 변화를 시도해야 합니다. 다른 사람들과 관계를 맺고 소통을 하는 것은 아주 중요하고 생산적인 일이라는 생각을 가져야 합니다. 타인의 말이나 피드백을 긍정적으로 생각하는 습관 또한 길러야 합니다. "팀원이 나보다 더 적극적으로 의견을 표현해주니 부족한 부분을 빨리 파악해서 보안할 수 있겠네."처럼요. 내가 가진 강점과 약점을 정확하게 파악해 강점은 적극적으로 이용하고 약점은 보완될 수 있도록 스스로를 바꿔야 합니다. 자신의 생각과 행동에 정당성을 부여하면 소통이 더욱 어려워지므로, 고립형 사람들은 언제나 소통이 완전히 단절되었을 때 겪을 어려움을 생각해야 합니다.

사례의 부장은 황소형입니다. 직원들의 의견을 모아서 의사결정을 하라고 말은 했지만, 내심 자신의 결정을 따르기 원했으니까요. 이처럼 권위형 상사가 권위를 앞세울 때 조직 구성원들은 조금 더 명확하게 자신들의 의견을 전달하고, 다양한 피드백을 통해 상사가 변화할 수 있도록 해야 합니다.

바쁜 사람들을 위한 요약

조해리의 창 진단을 통해 타인과 얼마나 좋은 관계를 맺고 있는지 확인할 수 있습니다. 창이 넓을수록 타인에게 나를 알리고, 피드백도 잘 받을 수 있는 상태입니다. 반대로 창이 작은 사람들은 마음의 문이 닫혀 있어 피드백을 잘 받아들이지 않습니다. 조해리의 창을 얼마나 확대시키는가에 따라서 인간관계와 소통의 폭이 달라질 것입니다.

팀장님, 이게 '윈윈'하기 위한 방법입니다

: 건설적 대립을 통해 좋은 성과 내기

Q.

상사가 지시한 대로 일을 하면 조직원들이 불필요한 고생을 할 것 같아 일을 시작하기 전부터 상사와 자주 충돌하게 됩니다. 그래서 상사가 평소 저를 좋지 않게 생각하는 것 같습니다. 하지만 개인적인 선호는 제쳐두고, 일은 일로서만 판단하는 것이 맞다고 생각합니다. 상사와 일에 대해 생각하는 방향이 너무 다를 경우 어떻게 해야 하나요?

"팀장님, 이번에 추진하려고 하는 프로젝트를 검토해 봤는데 이대로 진행하기에는 위험성이 매우 큰 것 같습니다. 이 많은 자료를 검토하고 제안서를 만드는 데만 해도 일주일이나 걸립니다. 아무리 분석해 봐도 이 제안서로는 계약을 수주하기가 힘들 것 같습니다."

"서 과장, 무슨 얘기죠? 충분히 승산이 있을 것 같아서 검토해 보라고 한 건데 수주를 못 하다니요? 제대로 검토해 봤나요?"

"네, 어제 하루 종일 검토했지만 팀원 4명이 아무리 열심히 해도 경쟁사와의 기술 격차 때문에 근본적으로 승산이 없어 보입니다. 전혀 다른 방향으로 다시 생각해 보면 어떨까요? 어제 검토한 자료들은 여기에 있습니다."

"참 답답하네요. 분명히 괜찮을 것 같은데 왜 이렇게 반대하는 건지……."

"팀장님, 이 사업 따내려고 일주일간 밤새워 고생했는데 수주하지 못하면 저희는 시간과 에너지만 낭비한 게 됩니다. 팀원들 사기도 저하될 것이고요. 팀원들과 함께 심도 있게 검토했으니 살펴보시고 재고해주시기 바랍니다."

이 문제, 어떻게 해결하면 좋을까?

일을 한다는 것은 곧 수많은 갈등 상황에 빠진다는 의미입니다. 많은 사람들과 함께 일하기 때문에 갈등 상황을 현명하게 해결하는 것은 아주 중요합니다.

둘 이상의 개인이 서로 조화를 이루지 못하는 상태, 경쟁적이거나 적대적인 행동이 유발되는 상태를 갈등이라고 합니다. 갈등을 직역하면 '등나무에 칡이 엉켜 있는 상태'라는 뜻입니다. 이것을 풀려면 얼마나 힘이 들까요? 갈등이 생겼다는 것은 곧 해결하기 쉽지 않다는 의미이기도 합니다.

동양에서는 과거부터 갈등이 생기면 외면하거나 덮으려 했습니다. 갈등은 좋지 않다는 인식이 있기 때문입니다. 반면 서양에서는 갈등을 'Conflict(양립할 수 없는 것이 동시에 부딪히는 현상)'이라고 표현하며 반드시 해결하고자 했습니다. 서부 영화를 보면 사람 사이에 갈등이 생겼을 때 열 발자국 앞으로 가 먼저 총을 쏴서 상대를 제압하는 사람이 승리하는 상황이 종종 그려지는데, 이것이 서양에서 갈등을 해결하는 방법 중 하나입니다.

동양적인 사고방식을 가진 우리에게 갈등이란 매우 고통스럽습니다. 특히 조직에서 일어나는 상사와 부하 직원 간의 갈등은 수직적인 문화에 익숙한 기성세대나 수평적인 문화에 익숙한 젊은 세대들이나 해결하기 어렵기는 마찬가지입니다. 상사가 시키면 무조건 해야 했던 시절이 지난 게 그리 오래되지 않았으니까요.

사람들은 서로 다른 관점에서 문제를 바라보기 때문에 의사결정을 할 때 각자 다르게 반응할 수밖에 없습니다. 따라서 우선 서로를 인정하는 자세가 중요합니다. 자신의 시각만 옳다고 하면 합의가 이뤄지지 않으므로, 상대방의 관점에서 상황을 보는 법을 배워야 합니다.

위 사례에서 팀장과 서 과장은 개인적인 감정을 떠나 업무에 있어서 원원하기 위해 갈등을 해결하고 건설적 대립을 해야 합니다. 건설적 대립은 대립과 건설적인 면이 상호 균형을 이룰 때 비로소 가능해지므로, 실질적인 문제 해결을 위해 사람과 사람 사이의 문제를 해결한다는 생각을 가지고 대화에 임해야 합니다. 업무적인 문제보다는 상대방에 대한 호불호 때문에 일이 틀어지는 경우도 많으니까요.

갈등 상황에서의 건설적 대립은 ADOPT 프로세스를 따라 해결하는 것이 효과적입니다.

먼저 무엇이 문제인지 정확히 '파악하고Addressing', 문제 상황을 구체적으로 정리합니다. 그 후 문제를 '직접적으로Direct' 해결할 수 있는 사람과 의견을 공유합니다. 해결책을 찾을 때는 '객관적 데이터와 사실Objective'을 기반으로 조직을 위한 최적의 해결책을 알아낸 후 데이터를 문서화하고, 확실한 해결을 위해 다음 미팅 날짜를 정합니다. 또 문제에 대해 '긍정적이고 직접적인 감정Positive'으로 접근하며, '즉시Timely' 대처해야 합니다. 보지 못하고 지나치기 전에, 혹은 업무에 크게 방해가 되거나 부정적인 영향을 미치기 전에 문제를 해결하는 것이 관건입니다.

인텔의 사장이었던 앤디 그로브Andy Grove는 "건설적 대립이란 소란스럽고, 불쾌하고, 버릇없이 구는 것을 의미하지 않으며, 비난하기 위한 것 또한 아닙니다. 그 본질은 비즈니스다운 방식으로 말함으로써 문제를 공략하는 것입니다"라고 말했습니다. 결국 갈등이란 비즈니스를 성공시키기 위한 대립입니다. 갈등이 없으면 좋은 성과를 내기도 어렵습니다. 실제로 갈등이 전혀 없는 조직과 갈등이 있는 조직을 비교해 보면, 갈등이 있는 조직이 더 큰 성과를 냅니다. 물론 갈등이 생겼을 때는 감정적으로 접근하는 일을 피하고 ADOPT 프로세스를 통해 해결해야겠지요.

그럼 사례의 갈등을 ADOPT 프로세스로 풀어 볼까요?

· 문제 파악(Addressing): 팀장이 제안서 작성을 지시했으나

서 과장은 수주 가능성이 낮다고 판단해 다른 방향으로 제안서를 만들고 싶어 합니다.

· 직접적(Direct): 문제를 해결할 사람은 팀장과 서 과장입니다. 검토를 담당한 서 과장이 팀장에게 직접적으로 문제를 제기합니다.

· 객관적(Objective): 서 과장은 팀장에게 제안서를 제출했을 때 수주가 어려운 이유를 증명할 수 있는 객관적 데이터와 사실을 근거로 제시했습니다. 회사를 위한 최적의 해결책을 찾는 것이 중요하므로, 이번 수주에 실패했을 때 팀에게 돌아올 리스크와 손실에 대해 구체적으로 협의합니다.

· 긍정적(Positive): 팀장이 평소 서 과장을 비호감이라고 생각하더라도, 이 문제에 관해 가장 효과적인 의사 결정이 무엇일지 생각하는 데만 집중해야 합니다.

· 적시에(Timely): 제안서를 작성할 수 있는 시간은 제한되어 있습니다. 지금 바로 결정하지 못하면 시간과 인력이 크게 낭비될 수 있습니다. 팀장은 서 과장의 의견을 검토하고, 그것이 옳다면 바로 의사 결정을 하면 됩니다. 반대로 자신의 판단이 옳다고 생각하면 그에 대한 근거 자료를 검토한 후 최종 결정을 하고, 결과에 책임을 지면 됩니다.

조직에서는 결국 윈윈해야 성과가 납니다. 건설적으로 대립하며 갈등을 해결하면 무조건적인 지시나 수용보다 더 좋은 결과를 낼 수 있습니다. 건설적 대립이 매우 긍정적인 활동이라 할 수 있는 이유입니다.

바쁜 사람들을 위한 요약

갈등이 발생하면 건설적 대립 ADOPT 프로세스를 활용해 해결합니다.

Addressing(문제 파악) – Direct(직접적) – Objective(객관적) – Positive(긍정적) – Timely(적시에) 이 5가지 과정을 거치면 조직이나 개인의 갈등을 원만히 해결할 수 있습니다.

차장님, 주어 좀 빼먹지 마세요

: 대화할 때 생략과 왜곡을 하는 사람과의 소통

Q.

저는 성격이 급한 편이라 주어, 목적어 없이 말을 하는 경향이 있어 제 말을 들은 사람이 종종 일을 엉뚱하게 처리하거나 동문서답을 합니다. 그래서 저를 잘 아는 사람들은 제가 말을 하면 매번 "무엇을 어떻게 해?"라고 되물어 봅니다. 저는 충분히 설명했다고 생각하는데 생략되는 부분이 많은 것 같습니다. 말할 때마다 여러 번 확인을 해주어야 해서 답답합니다.

"차 과장, 다 끝냈죠?"

"차장님, 어떤 걸요?"

"아, 지난주에 말해드린 거요."

"지난주에 무슨 말씀을 하셨었죠……?"

"지난주 부서 회의 때 경쟁사 상품 분석 자료 오늘까지 주기로 했잖아요."

"아, 그 자료요. 구체적으로 말씀을 해주셔야죠. 임 사원이 지금 최종 정리하고 있습니다. 정리되면 보고 드리겠습니다."

이 문제, 어떻게 해결하면 좋을까?

위의 상황에서 오 차장은 처음 대화를 시작할 때부터 전체 내용을 말하면 됐습니다. "차 과장, 지난주 부서 회의 때 경쟁사 상품 분석 자료 오늘까지 주기로 했는데, 다 되었나요?"라고 물어보면 간단하게 끝날 일을, 중요한 단어를 생략하고 질문하니 상대방이 감을 잡을 수가 없었던 것입니다.

업무적인 대화를 할 때 오 차장처럼 자기중심적으로 말을 하는 사람들이 많습니다. 이런 사람들은 상대방이 자신의 말을 이해하지 못하고 계속 질문하면 오히려 답답해합니다. 말을 할 때 구체적으로 설명하면 되는데 그냥 툭 던지고, 상대방이 다

이해할 것이라 믿는 것입니다. 이런 상사 중에는 오히려 부하 직원이 센스가 없다고 비난하는 사람도 있습니다.

소통 과정에서 생략만큼이나 자주 발생하는 실수가 바로 왜곡입니다. 어제까지만 해도 관계가 좋았는데 오늘 김 대리가 표정이 좋지 않다고 '나 때문에 기분이 안 좋은가?'라고 생각하는 것과 같이 사실에 근거하지 않은 왜곡된 생각을 하는 경우가 있습니다. 한번 왜곡된 생각을 하게 되면 '나 때문에 기분이 좋지 않은 거면 어떻게 해야 하지? 이유가 뭘까? 어떻게 해결하지?'와 같은 쓸데없는 생각들이 꼬리를 물고 늘어갑니다. 사실 김 대리는 집에서 출근할 때 아내와 가볍게 다툰 탓에 기분이 좋지 않았던 것뿐인데 말입니다.

우리는 살면서 정확한 사실을 알 수 없는데도 계속 왜곡된 생각을 하면서 힘들어합니다. 직접 보거나 확인한 일이 아니라면 쉽게 판단을 내리지 말고 대화하는 것이 좋습니다.

대화할 때 일반화해서 말하는 습관도 좋지 않습니다. "여자들은 다 그래" "남자들은 다 그래" "저 업계 사람들은 원래 그래" "자영업은 원래 힘들어"와 같이 정황을 무시한 채 일부의 현상만을 보고 일반화하면 상대방이 불편해할 수 있습니다. 구체적인 사실을 근거로 대화하는 습관을 들여야 하는 것은 이 때문입니다. 한번 일반화를 시작하게 되면 많은 것들을 일반화하는 오류를 저지르기 쉽습니다. 사람들과 소통을 할 때 생략, 왜곡, 일반화를 하지 않도록 노력하는 것이 훌륭한 소통자가 되는 길임을 언제나 명심해야 합니다.

바쁜 사람들을 위한 요약

타인과 소통이 어려운 이유는 대화를 할 때 생략, 왜곡, 일반화를 하기 때문입니다. 완전한 문장으로 말하고, 상대의 생각을 왜곡하지 않으면서 사실을 기반으로 대화하면 제대로 된 소통을 할 수 있습니다.

선배님, 마음대로 하지 마시고 제 말 좀 들어 보세요

: 인지 편향을 가진 사람과 일하는 법

Q.

대화를 싫어하는 선배가 있습니다. 선배는 업무를 할 때 전체 메일로 의견을 달라고 하지만, 내용이 중언부언한 탓에 피드백을 할 수가 없습니다. 저만 이해하지 못한 건가 싶었는데, 다른 동료도 같은 생각인 걸 알았습니다. 선배 입장에서는 피드백이 없으니 이견이 없다고 생각하고 혼자 일을 진행합니다. 그런데 막상 진행하다 보면 일이 잘못 흘러갈 때가 많아 어렵사리 피드백을 전달하면 오히려 상처를 주고 힘들게 합니다. 결

> 국 모두가 선배와의 소통을 포기하게 되었습니다.
>
> 선배는 자신을 설득하려 하지 말라고 합니다. 경험이 많으니까 알아서 잘 한다는 겁니다. 하지만 일이 잘못되는 경우가 많은데도 가만히 있을 수는 없습니다. 우리는 조직원이고, 함께 성과를 내야 한다는 책임이 있기 때문입니다.

"선배님, 지난번 주신 메일에 대해서 피드백을 드리고 싶은데요. 메일 내용을 정확히 이해하지는 못했지만 프로그램 기획을 그렇게 해서는 안 될 것 같습니다."

"무슨 소리야? 내가 메일에 자세하게 설명했잖아. 다른 의견이 없어서 이미 진행했는데."

"다른 사람들도 저와 의견이 같아서 제가 대표로 말씀드리는 것입니다. 의뢰받은 내용과 선배님의 기획은 방향성이 조금 다른 것 같아서요. 젊은 직원들은 그런 콘셉트를 좋아하지 않을 것 같습니다. 이번 주 전체 회의 시간에 그 주제로 논의를 했으면 합니다."

"내가 이 분야 업무만 15년째야. 나보다 경험 많은 사람 여기 있어? 그리고 지금까지 아무 말 없다가 이제 와서 다시 의논하자고? 그럴 필요가 있을까? 알아서 할 테니 걱정하지 마."

이 문제, 어떻게 해결하면 좋을까?

한 분야에서 오래 일한 경험도 중요하지만 정확하게 일처리를 하는 것이 더 중요합니다. 경험이 많다고 해서 반드시 일을 잘하는 것은 아니니까요.

위 사례의 선배 같은 경향을 가진 사람들을 인지 편향 가운데 확증 편향이 있다고 표현합니다. 사례에서 선배는 자신의 신념과 일치하는 정보나 의견은 받아들이고, 그렇지 않은 것은 무시해 버립니다. 자신의 믿음을 확증하기 위해 왜곡된 인지를 하는 것입니다. "내 마음에 든다면 그것이 옳은 것이다"라는 신념이 이미 있기 때문에 사실상 의견을 달라는 업무 메일에도 "나는 이런 일을 시작할 것이다. 내가 알아서 할 테니 알고나 있어라"라는 메시지가 들어 있는 셈이죠.

이런 사람은 다른 사람의 피드백을 잘 받아들이지 않습니다. 자신의 생각이 워낙 확고하기 때문입니다. 이런 사람과 일을 할 때는 철저하게 논리적으로 대응해야 합니다. 상대의 믿음이 틀렸음을 증명하기보다는 그의 주장과 다르게 일을 진행하는 것이 맞다는 사실을 보여주어야 합니다. 관련 자료나 레퍼런스 등을 통해 논리적으로 설득해서 납득시키지 않는 한, 단순한 의견 제시나 피드백은 절대 받아들이지 않을 테니까요.

사회적으로도 이런 사례를 종종 볼 수 있습니다. 자신의 정치적·종교적 신념을 이야기할 때 확증 편향이 심해지는 사람들이 그렇습니다. 그들을 설득하는 것은 매우 어렵습니다. 믿음이 무너지거나 없어지지 않는 한, 변화를 주기가 어렵기 때문입니다.

심리학자 대니얼 카너먼Daniel Kahneman의 연구에 의하면 인지 편향은 다양한 모습으로 사람들에게 적용됩니다.

1. 편향 맹점 : 자신이 편향적인 생각을 하고 있음을 스스로 알지 못하는 것입니다. '내가 하면 로맨스, 남이 하면 불륜'이란 말이 딱 맞는 사례입니다.

2. 선택적 지각 : 객관적인 정보가 아닌 자신의 생각과 일치하거나 자신에게 유리한 정보만을 받아들여 성급히 판단하는 인지 편향입니다. 간단히 말해 보고 싶은 것만 보고, 듣고 싶은 것만 듣는 것입니다. 이런 방식으로 소통하는 사람들을 흔히 '답정너'라고 부릅니다. 답을 정해 놓고 질문을 하거나 회의를 하고, 자신이 생각한 답으로 결정될 때까지 회의를 끝내지 않습니다.

3. 통제력 착각 : 현실적으로 권한이 없는데도 자신이 그것을 통제하거나 영향을 끼칠 수 있다고 믿는 것입니다. 이런 착

각을 하는 사람들은 '내 말 한마디면 사람들 생각이 달라지겠지'라고 생각합니다.

4. 단순 노출 효과 : 자주 만나거나 반복적으로 보게 되면서 친숙도가 높아지면 상대방에게 더 큰 호감을 느끼게 되는 현상입니다. TV 프로그램이나 광고에 어떤 배우가 계속 나오면 처음에는 별 생각이 없다가 시간이 지날수록 그 배우에게 호감을 갖게 되는 것과 같은 원리입니다.

5. 틀 효과 : "넌 왜 항상 그 모양이니"라는 평가를 반복하면 그 말을 들은 사람은 결국 틀 안에서만 평가받게 됩니다. 이처럼 의사 전달을 어떤 종류의 틀로 하느냐에 따라 상대방의 판단이나 생각의 양상이 달라지는 인지 왜곡 현상입니다.

6. 면접 착각 : 면접을 통해 실제 파악한 것보다 더 많은 정보를 습득했다고 믿는 현상입니다. 실제 면접에서 보여진 것은 작은 부분에 불과한데, 그 사람에 대해서 실제보다 많이 알고 있다고 착각하는 것입니다.

7. 과도한 자신감 : 어떤 이들은 자신의 능력에 대한 자신감이 지나쳐서 오히려 더 위험한 결정을 하게 됩니다. 특히 전문가들이 이 오류에 자주 빠지곤 합니다.

다른 사람이 가진 인지 편향을 바꾸기는 쉽지 않습니다. 그러니 상대방에게 감정적으로 반응하기보다는 논리적으로 설득할 수 있는 방법을 찾는 것이 빠르게 문제를 해결할 수 있는 길입니다.

바쁜 사람들을 위한 요약

확증 편향은 자신의 신념과 일치하는 정보나 의견은 받아들이고 그렇지 않은 것은 무시해 버리는 것입니다. 확증 편향을 가진 사람들을 설득하려면 철저하게 근거에 의거하여 논리적으로 말해야 합니다.

진짜 팀장님 말대로 해도 되나요?

: 옳지 않은 지시를 들었을 때

Q.

회사에 자금 출납 규정이 있는데, 상사가 자기가 책임질 테니 괜찮다며 종종 규정을 편의대로 해석하려고 합니다. 이것이 반드시 부정적인 결과로 이어지지는 않지만, 원칙적으로는 하면 안 되는 일들이라 이럴 때는 어떻게 해야 할지 고민이 됩니다.

"김 매니저, 이번에 신사업 개발팀에서 올린 개발 지원금은 속도가 중요하니까 빨리 처리하도록 하세요."

"팀장님, 규정상으로는 상무님께 보고 드린 후 처리해야 해서요. 급하다고 바로 지급하면 안 될 것 같습니다."

"내가 상무님께 나중에 말씀드릴 테니까 바로 지급하세요. 이런 일 한두 번 처리하나……. 상무님 지방 출장 중이시라 지금 보고할 수도 없으니 시키는 대로 하세요."

"팀장님, 구두 보고라도 하고 진행해야 할 것 같습니다. 상무님과 팀장님이 곤란해지실 수도 있어서요."

"아니, 그냥 처리하라는데 왜 이리 말을 듣지 않는 거죠?"

이 문제, 어떻게 해결하면 좋을까?

조직 생활을 하다 보면 종종 내가 의도하지 않은 상황에 직면하게 됩니다. 특히 상사의 부당한 지시에 어떻게 대처해야 할지 고민이 될 때가 많죠. 원칙대로 했다가는 눈치가 없다는 소리를 듣거나 상사의 지시를 거부하는 직원으로 낙인 찍힐 수도 있기 때문입니다.

그러나 리더와 팔로워Follower*의 관계를 수직 관계가 아니라 상호 협력하고 보완하는 관계로 규정하는 조직 문화가 점점 보편화되고 있습니다. 이제 조직의 비전을 달성하기 위해서는 팔로워 또한 리더에게 영향력을 발휘해야 합니다. 무조건 시키는 대로 하거나 부당한 일에 침묵하는 것은 더 이상 팔로워의 역할이 아닙니다. 사례의 경우 김 매니저는 팀장과 최대한 소통하면서 규정을 반드시 지켜야 한다고 설득해야 합니다. 한번 부당한 일을 하게 되면 이후에도 그런 일이 반복될 수 있으니까요.

팔로워십Followership**에 저명한 로버트 켈리Robert Kelley 박사는 훌륭한 팔로워를 다음과 같이 정의합니다.

"훌륭한 팔로워는 나무와 숲을 동시에 볼 수 있는 통찰력과 다른 사람들과 함께 일할 수 있는 역량을 가지고 있으며, 영웅적인 리더가 없는 상황에서도 스스로 일할 수 있고, 다른 사람들을 배려한다. 또한 도덕적이고 높은 가치를 위해 자발적으로 노력하는 사람이다."

눈앞에 떨어진 일만 열심히 하는 것이 아니라 그 일과 연결

* 팔로워 : 리더와 조직의 비전과 목적을 공동으로 가지고 있는 사람.

** 팔로워십 : 조직의 목표를 효과적으로 달성하는 데 기여하는 팔로워들의 효과적인 자질이나 역할.

되는 다음 단계의 일도 함께 생각하고, 그 일이 나에게 어떤 의미가 있는지 생각해 보는 것은 우리의 통찰력을 길러 줍니다. 또한 다른 사람과 함께 일할 수 있는 협업 능력과 팀워크, 셀프 리더십이 있어야 조직에서 좋은 성과를 낼 수 있습니다.

물론 훌륭한 팔로워가 되는 것은 쉬운 일이 아닙니다. 하지만 조직에서 인정받고 성공하기 위해서는 이런 역량을 가진 팔로워가 되어야 합니다. 상사의 눈치만 살피고, 상사가 좋아하는 것만 골라서 하려고 하고, 부당한 일에 순응하는 팔로워는 그 순간을 모면할 수 있을지 몰라도 마지막에는 좋은 결과를 얻을 수 없습니다.

사례처럼 상사가 규정에 어긋나는 지시를 했다면 명확하게 규정을 설명하고, 추후 생길 문제를 막기 위해서라도 정확하게 건의해야 합니다. 팀장이 상무에게 보고하기 귀찮아하는 것 같다면 직접 보고하겠다고 제안하는 것도 좋습니다.

"팀장님이 보고하기 어려우시면 제가 상무님께 문자와 이메일로 보고 드리고, 피드백이 오면 바로 처리하도록 하겠습니다. 사소한 일이어도 규정과 원칙을 지키는 것이 중요하다고 생각합니다. 이렇게 하는 것이 상무님과 팀장님 그리고 팀원들에게도 도움이 되니 이해해 주세요."

이번에는 아무 일 없이 넘어가더라도 이런 상황이 반복되면 잘못되었을 때 리더가 책임져야 한다는 점도 명확히 해야 합니다. 그래야 강요에 의해 이번 건이 진행되더라도 나중에 불미스러운 일이 생겼을 때 확실하게 책임 구분을 할 수 있습니다. 조직에서 문제가 생겼을 때 팔로워들에게 흔히 책임이 전가되는 이유는 책임 구분이 명확하지 않은 상태에서 상사가 시키는 대로 했기 때문입니다. 확실한 책임 구분은 자신과 조직 모두를 위해 매우 중요합니다.

이런 이야기를 할 때는 명확하고 논리적으로 말하되 상사의 감정을 건드리지 않도록 조심스럽게 접근해야 한다는 점을 잊지 말아야 합니다. 설득은 결국 상대의 마음을 움직여야 하는 일이니까요.

바쁜 사람들을 위한 요약

훌륭한 팔로워는 리더가 부당한 영향력을 행사할 때 저항할 수 있어야 하며, 조직의 목표를 위해 리더에게 영향력을 미칠 수 있어야 합니다. 팔로워들의 팔로워십이 강화될수록 성과를 달성하기 더 쉬워집니다.

팀장님, 이거 급한 건인데…….

: 임원의 결정만을 기다리는 상사

Q.

빠른 의사 결정이 필요한 일에도 상사가 임원의 결정에 따르자고 하는 경우가 종종 있어 최적의 시기를 놓칠 때가 있습니다. 우선 구두 보고를 하고 추후에 필요하면 서면 보고를 해도 될 것 같은데, 상사는 무조건 서면으로만 보고하려 합니다. 어떻게 하면 좋을까요?

"팀장님, 지금 지방 공장에서 작업하던 중 사고가 발생했다고 합니다. 작업자가 많이 다쳐 병원으로 이송되고 있다는데, 상무님께 구두 보고 먼저 하시고 이후에 조치 보고서를 작성하는 게 좋을 것 같습니다."

"사고 경위서부터 작성하도록 합시다. 현장에 연락해서 어떻게 사고가 일어났는지 구체적으로 확인하고, 양식에 맞게 보고서 작성하세요."

"팀장님, 우선 상무님께 상황을 알리고 어떻게 조치해야 하는지 지시를 받는 것이 좋을 것 같습니다. 그렇지 않으면 사고 현장에서는 저희 지시만 기다리고 있어야 합니다."

"그건 알겠는데, 정확한 경위도 모르면서 다짜고짜 구두 보고부터 하면 어떻게 합니까? 상황을 문서로 정리해서 보고해야 실수하지 않죠."

이 문제, 어떻게 해결하면 좋을까?

해군에서 장교 생활을 할 때 문제 상황을 먼저 보고하지 않았다가 큰 어려움을 겪은 적이 있습니다. 대형 구축함에서 근무했는데, 최고 리더인 함장이 불우 이웃 돕기 성금과 관련해 저에게 지시를 내렸습니다. 성금을 직급에 맞게 나누어 공지하고 걷기 시작했는데 장병들이 300여 명이나 있는 큰 배라 훈련이 많았고 휴가, 병가 등으로 인력 이동이 빈번해서 모금 시기가 조금 지연되었습니다. 연말이 지나기 전에 성금을 전달해야 했기 때문에 함장에게 성금 모금이 지연되는 이유를 구체적으로 설명한 후 미리 성금을 전달하고, 추후 정산하는 것이 나은 상황이었습니다. 그러나 모금이 늦어진 사유를 보고서로 작성해야 한다는 생각 때문에 보고가 늦어졌고, 그 일로 함장에게 크게 지적을 당했습니다. 초임이라 실수를 한 것이라고 스스로를 위로했지만, 나중에 일 처리를 제대로 하지 못한 것에 대해 혹독한 대가를 치러야 했습니다. 그 사건 이후 시급한 사안은 먼저 구두로 보고하고, 추후 내용을 보완하여 서면으로 보고하게 되었습니다.

이처럼 업무 중 먼저 해야 할 일을 하지 않아서 피해를 보는 경우가 있습니다. 보통 상사가 매우 신중하거나 작은 것에도 민감해서 실수하지 않으려는 성향을 가진 사람일 때 이런 일이 자주 발생합니다. 의사 결정 시간이 충분히 주어진 문제라면 이런 자세는 매우 좋은 결과를 만들어 낼 수 있습니다. 그러나 속도가 중요한 건이라면 이런 태도는 최악의 결과를 내기도 합니다. 자꾸 병목 현상이 생겨 무척 답답하고 힘들게 느껴지는 것이죠.

다행히 대부분의 상사들은 급한 사안에 대해 구두로 보고받는 쪽을 선호합니다. 문서를 만드느라 시간이 지체되는 것은 리더가 원하는 상황이 아니기 때문입니다. 일을 할 때는 상사가 진정으로 원하는 바가 무엇인지 파악하고, 그에 맞게 대처하는 것이 현명합니다.

사례처럼 긴급한 상황에서 리더에게 빠르게 보고를 해야 하는데 중간관리자가 막는 상황이라면, 묵인했다가 추후 더 큰 문제가 발생할 수 있으므로 중간 관리자를 끝까지 설득해야 합니다. 훌륭한 팔로워는 부당한 의사 결정에 대해서 말할 수 있어야 하고, 그것이 관철될 수 있도록 행동으로 보여주어야 하니까요. 또한 훌륭한 팔로워라면 상사를 설득하지 못했을 경우 최고 리더에게 보고한다고 말하고 먼저 행동할 것입니다. 상황을 파악하고 의사 결정을 빠르고 효과적으로 하는 것이 더 중요하니까요.

바쁜 사람들을 위한 요약

급한 일이 생기면 먼저 보고하고 상사의 지시를 받는 것이 좋습니다. 형식을 챙기다가 일을 그르치는 경우가 많기 때문입니다. 속도감 있게 일을 처리한 후 근거는 나중에 증명하면 됩니다. 타이밍을 놓쳐서 일이 잘못된다면 그것만큼 큰 문제는 없습니다.

어차피 본부장님 마음대로 하실 거면서

: 답정너 상사

Q.

본부장님과 함께하는 회의에 들어가기가 싫습니다. 자기 생각을 마음껏 이야기하라고 해 놓고, 결국 본부장님 하고 싶은 말만 하거든요. 차라리 처음부터 원하는 걸 말하면 좋겠는데 꼭 본부장님 의견이 맞다고 해야 회의가 끝납니다. 본부장님과 다른 의견을 내거나 생각하는 방향이 다르면 회의가 끝나지 않습니다. 어떻게 본부장님과의 회의에서 효과적인 결론을 내면서도 회의를 빨리 끝낼 수 있을까요?

"오늘은 여러분의 창의적인 아이디어를 많이 듣고 싶습니다. 기존과 다른 의견을 다양하게 내주시기 바랍니다."

"이번 마케팅은 언택트 콘셉트로 가면 어떨까요? 팬데믹 상황 때문에 비대면으로 일을 많이 하게 되니, 트렌드에 맞춘 기획을 하면 좋을 것 같습니다."

"임 과장, 좋은 의견이긴 한데 서비스업이나 언택트가 맞지 우리 같은 제조업은 불가능해요. 다른 아이디어는 없나요? 없으면 내가 전에 말했던 대로 방향을 잡아서 진행하도록 합시다."

이 문제, 어떻게 해결하면 좋을까?

답정너 상사와 대화하거나 회의할 때는 결론이 이미 나 있습니다. 상사가 '무슨 일이 있더라도 내 의견을 밀고 나갈 것이다'라고 생각하기 때문입니다. 상사의 의견에 반박하거나 오류를 지적해도 결과가 바뀔 가능성이 크지 않고, 오히려 자신의 의견에 반대한 사람에게 부정적인 영향력을 행사할 수도 있습니다.

'링겔만 효과'라는 용어가 있습니다. 집단의 문제 해결에 참여하는 사람의 수가 늘어날수록 성과에 대한 개인의 공헌도가 오히려 떨어지는 심리 현상을 말합니다. 독일 심리학자 막시밀리언 링겔만Maximilien Ringelmann이 집단 내 개인 공헌도를 측정하기 위해 줄다리기 실험을 했는데, 그 결과 참가자가 늘어날수록 한 사람이 내는 힘의 크기가 줄어들었습니다. 1대1 게임에서 1명이 내는 힘을 100으로 가정할 때, 2명이 참가하면 이 힘이 93, 3명일 때는 85, 8명일 때는 49로 떨어진 것이죠. 인원이 많을수록 자신은 가만히 있어도 되겠다는 심리가 작용해, 결과적으로 소수의 인원보다 더 좋지 못한 결과를 내고 마는 것입니다.

링겔만 효과가 적용되는 대표적인 업무가 바로 회의입니다. 답정너 상사와 링겔만 효과를 막으려면 효과적인 회의 제도와 문화를 만들어 답정너 상사가 원하는 방식대로 회의를 하지 못하도록 만들면 됩니다.

효과적인 회의 문화를 만들려면 다양한 회사들의 회의 문화를 토대로 우리 회사에 가장 적합한 회의 문화를 만들어 제도화하는 것이 좋습니다. 구글의 회의 문화를 예로 들어 보겠습니다.

첫째, 참가 인원은 8명으로 제한합니다. 반드시 필요한 사람만 참여하되, 참관자가 필요하다면 회의가 끝난 후 회의에 참가한 사람이 내용을 설명해주는 방식을 취합니다.

둘째, 모두의 동의를 가장 경계합니다. 최선의 결정을 할 때는 무조건 갈등이 생겨야 합니다. 한 안건에 대해 모두가 동의하면 오히려 가장 나쁜 결과가 나올 수도 있으므로 최대한 논쟁할 수 있는 결과를 도출하는 것이 좋습니다.

셋째, 명확한 목표를 세워야 합니다. 회의하기 전 정말 필요한 회의인지, 조직원들에게 유익한 시간이 되는지, 좋은 정보를 제공할 수 있는지를 생각합니다.

넷째, 반드시 24시간이 지나기 전에 회의 결과를 전체에게 공유하고 피드백을 받습니다. 빠른 의사 결정과 실행력은 속도에서 나오니까요.

이처럼 회의를 할 때는 원칙을 명확히 해야 합니다. 이 원칙에 따라 회의가 이루어져야 답정너 상사들의 전횡을 막을 수 있습니다. 그럼 몇 가지 회의 원칙들을 만들어 봅시다.

· 모든 의견은 동일하게 소중하고 가치 있습니다.

· 누구나 자유롭게 의견을 낼 수 있습니다.

· 누구나 남의 의견에 반박할 수 있습니다. 그러나 싸우지는 않아야 합니다.

· 모두 생각하고, 적고, 말할 의무가 있습니다.

· 누구도 타인의 말을 도중에 멈추거나 비난해서는 안 됩

니다.

· 주제에서 벗어나는 이야기는 따로 모았다가 다음에 이야기합니다.

회의 전후로 해야 할 일은 다음과 같습니다.

· 회의 전 회의 안건, 목표 및 참석자에 대해 명확하게 정하고 미리 알립니다.

· 회의 장소와 환경을 쾌적하게 조성합니다.

· 회의 주제에 적합한 최소한의 인원만 참석시킵니다.

· 회의 종료 시간을 미리 정하고 회의를 시작합니다.

· 높은 직급의 사람이 아닌 실무 리더를 선정해 회의를 진행하도록 합니다.

· 회의 중 참석자들의 90퍼센트 이상이 발언하도록 독려합니다.

· 회의 후 논의 내용 및 결과물을 명확하게 정리하고 공유합니다.

회의를 할 때는 심리적인 안전함, 즉 내 생각이나 의견, 질문, 걱정, 혹은 실수가 드러났을 때 처벌받거나 놀림받지 않을 거라는 믿음이 있어야 합니다. 이러한 믿음은 변화와 혁신의 원동력이 됩니다.

반면 일방적이고 자기중심적으로 구는 것은 회의에 도움이 되지 않습니다. 자신의 생각을 이미 정해 놓고 결과를 좌지우지하는 것은 일방적인 지시일 뿐입니다.

회의 때 하지 말아야 할 말은 다음과 같습니다.

· "일단 다 들어와." "일단 모여서 이야기해 보자." "알아 놓아서 나쁠 거 없지. 공부도 할 겸 들어와."

· "돌아가면서 한 명씩 브리핑해 봐."

· "내가 해 봐서 아는데," "됐고,"

· "생각 좀 하고 말해라."

· "나는 이렇게 생각하는데, 너희들 생각은 어때?"

· "다 바쁜 사람들인데 그런 이야기 듣고 있을 시간 없어."

조직의 회의 문화를 만들어 제도화하는 것은 조직의 성과를 올리고 구성원들이 일을 더 잘할 수 있도록 독려하는 최고의 동기 부여가 됩니다.

바쁜 사람들을 위한 요약

답정너 상사의 일방적인 의사 결정을 제어할 수 있는 방법은 회의 제도 및 문화의 혁신입니다. 누구나 자유롭게 의견을 말해도 안전한 문화를 만들어야 합니다.

그래서 내 업무가 정확히 뭔데?

: 업무 지시를 명확하게 하지 않는 상사

Q.

일을 하다 보면 명확한 업무 지시가 필요할 때가 있는데, 제 상사는 업무 지시가 명확하지 않습니다. 지시한 대로 일을 하면 그렇게 하는 것이 아니라며 다시 해 오라고 합니다. 그럴 때면 제가 업무 역량이 떨어지는 것인지 아니면 단순히 이해력이 떨어지는 것인지 알 수가 없습니다. 너무 힘이 듭니다.

"이 과장님, 지난번 작성하라고 하셨던 보고서에 수정할 부분이 있을까요?"

"박 사원, 내가 지시한 대로 한 것 맞나요? 분명히 이렇게 말하지 않았는데 전혀 다르게 보고서를 썼더라고요. 다시 한번 생각해 보고 가져오세요."

"과장님, 저는 지시하신 대로 작성했는데요. 수정할 사항이 있으면 자세하게 설명해주시면 좋겠습니다."

"내가 몇 번을 말해야 알겠어요? 지난주에 분명히 설명했어요. 그냥 시키는 대로만이라도 해 보세요. 참 답답하네요."

이 문제, 어떻게 해결하면 좋을까?

업무를 성공적으로 끝내려면 무엇이 제일 필요할까요? 상사의 경우 업무 지시를 내릴 때 이 업무를 왜 해야 하는지에 대한 이유를 부하 직원에게 명확하게 설명하는 것이 중요합니다. 세계적인 강연가이자 작가인 사이먼 사이넥Simon Sinek은 저서 《나는 왜 이 일을 하는가》에서 "모든 회사들은 어떻게, 무엇을 제공해야 하는지 알고 있습니다. 하지만 왜 제공해야 하는지는 모릅니다. 여기서 '왜'는 돈이 아닙니다. 돈은 결과일 뿐입니다. 사람들은 무언가를 살 때 상대가 무엇을 파는지를 보고 사는 것이 아니라, 왜 파는지를 보고 삽니다. 같은 가치관을 공유하는 이들과 거래하는 것입니다. 제품을 파는 게 아니라 신념을 나누는 것입니다"라고 말합니다. 일에 있어서 가장 중요한 것은 '무엇을'이나 '어떻게'가 아닌 '왜'라는 말입니다. 따라서 업무를 지시할 때도 '왜'에 집중해야 합니다.

좋은 성과를 내는 부하 직원을 거느리는 상사들은 업무를 할 때 언제나 다음 사항을 확인합니다.

1. 이 업무는 나에게 왜 중요한가?

상사는 업무를 지시할 때 그 일이 부하 직원에게 왜 중요한지를 구체적으로 설명해주는 것이 좋습니다. "그냥 시키는 대로 해" "원래 이 업무는 네가 해야 하는 일이니 군소리 말고 해"와 같이 그저 명령해서는 안 됩니다. 아무리 사소한 일이라도 이 업무가 큰 성과로 이어질 수 있음을 말해줘야 합니다. 자신이 해야 할 일의 가치와 의미를 들을 때 부하 직원들은 가슴이 뛰고, 최선을 다해 성과를 내고 싶어지기 때문입니다.

2. 이 업무를 왜 내가 해야 하는가?

부하 직원들은 이 업무의 적임자가 왜 나인지 알고 싶어 하기 때문에, 상사는 구체적으로 그 이유를 설명해주어야 합니다. 이 일은 지금 맡은 일과 연관이 있고, 지금까지 잘해 왔으니 이 업무도 잘 해낼 수 있다는 믿음을 주는 것입니다. 신뢰를 받을 때 직원들의 업무 몰입도와 열정은 배가 됩니다.

3. 이 업무는 나에게 어떤 성장을 가져오는가?

업무 지시를 할 때 이 업무가 끝나면 부하 직원이 얼마나 성장할 수 있는지 설명해주어야 합니다. 사소한 일이라 할지라도 이 일을 해내면 나중에 원하는 일을 할 때 큰 도움이 된다는 사실을 알려주는 것입니다. 특히 밀레니얼 세대나 Z세대 직원들은 자신의 성장을 가장 중요하게 여겨 업무 하나를 하더라도 이 업무를 통해 내가 발전할 수 있을지 생각합니다. 그러니 젊은 직원들에게는 성장 가능성에 대한 구체적인 이미지까지 설명해주면 더욱 좋습니다.

4. 명확한 기대 목표를 설명하였는가?

상사는 부하 직원에게 업무에 대한 확실한 기대 목표를 설정해주어야 합니다. 앞서 말한 이 일이 왜 중요한지, 왜 네가 해야 하는지, 어떤 성장을 가져오는지에 대한 설명은 일을 열심히 하기 위한 충분한 동기 부여로 작용합니다. 이를 바탕으로 구체적인 기대 목표를 세우면 됩니다. 최종 결과가 이렇게 나와야 한다는 예시를 보여주면 더 좋습니다. 구체적인 샘플이 없다면 상사가 생각하는 결과 이미지를 구두로 명확하게 설명해줘야 합니다. 그래야 나중에 최종 결과물이 나왔을 때 서로 오해하는 일이 없습니다. 결과물이 적합하면 좋은 성과를 낸 것이고, 그렇지 못할 때는 다시 한번 구체적으로 피드백을 주면 됩니다. 기대 목표가 명확히 설정된 부하 직원들은 업무 수행 과정에서 갈등이 생기더라도 기대 목표를 우선순위에 놓습니다.

업무를 지시했으면 확인을 해야 합니다. 업무를 확인하는 방법에 따라 상사의 수준을 3가지로 나눌 수 있습니다.

· 최고 상사: 일을 시작할 때부터 높은 성과를 기대할 수 있습니다. 위의 4가지 사항을 철저히 지키기 때문에 부하 직원이 프로세스만 잘 따라도 성공적으로 일을 마칠 가능성이 큽니다. 중간 진행 사항이나 결과에 대한 모니터링과 피드백 또한 확실하게 진행됩니다. 이때 피드백은 부하 직원에게 동기 부여가 될 수 있도록 긍정적 피드백을 주로 합니다.

· 보통 상사: 업무 지시 후 진행 과정부터 결과까지 꼼꼼하게 챙깁니다. 4가지 사항을 적당히 지켰기 때문입니다. 기획

단계에서 철저하게 지시하지 않으면 해야 할 일이 많아집니다. 일일이 확인해야 하니 시간이 많이 소요되고 정신적 피로감이 커집니다. 자연히 칭찬보다는 질책이 담긴 피드백을 더 많이 하게 됩니다.

· 별로인 상사: 업무 지시를 제대로 하지 않았기 때문에 높은 성과를 기대할 수 없습니다. 부하 직원들은 왜 자신이 이 일을 해야 하는지, 무엇을 어떻게 해야 하는지 잘 모릅니다. 때문에 성과가 낮을 수밖에 없고, 칭찬은커녕 질책하느라 시간만 허비합니다. 부하 직원들은 상사가 화를 낸다고 생각하고 의욕이 저하되어 총체적 난국의 결과를 불러옵니다.

이처럼 업무 성과는 상사가 부하 직원에게 얼마나 업무 지시를 잘 하느냐에 따라 결정되기 때문에, 부하 직원이 자신의 지시만 잘 따라도 좋은 결과를 낼 수 있도록 정확하고 적절한 지시를 내리는 최고 상사가 되려고 노력해야 합니다.

바쁜 사람들을 위한 요약

업무 지시를 할 때 상사가 4가지 사항을 명확하게 확인하면 업무에서 좋은 성과를 낼 수 있습니다.

· 이 업무는 나에게 왜 중요한가?

· 이 업무를 왜 내가 해야 하는가?

· 이 업무는 나에게 어떤 성장을 가져오는가?

· 명확한 기대 목표를 설명하였는가?

2장

직원에게 상사가 한마디만 하겠습니다

내가 공감 능력이 없다고?

: 상사가 공감 능력을 키우는 방법

Q.

저는 입사했을 때부터 지금까지 좋은 성과를 내는 데 집중해서 살아 온 사람입니다. 집과 사무실이 제 삶의 전부였고, 지금도 조직을 사랑하는 마음이 큽니다.
어느 날 회식 자리에서 젊은 직원에게 충격적인 말을 들었습니다. 제가 공감 능력이 떨어진다는 겁니다. 웃는 자리에서 말한 것이라 그냥 넘어갔는데, 그날 밤 잠이 오질 않았습니다. 성과를 위해서 최선을 다해 살아왔는데 꼰대 상사라고 평가받으니 '감성적이던 나는 어디로 갔을까?' 하는 생각이 들었습니다. 지금이라도 공감 능력을 키울 수 있을까요?

"프로젝트가 잘 끝나서 무척 기쁩니다. 여러분의 노고 덕분에 좋은 평가를 받을 수 있을 것 같습니다. 저녁 식사 맛있게 하시고, 하고 싶은 말 있으면 자유롭게 이야기해 보세요."

"부장님, 수고 많으셨습니다. 저희 같은 주니어들에게도 신경을 써주셔서 많이 배우고 성장할 수 있었습니다. 부장님이 편하게 이야기하라고 하시니, 하고 싶었던 말을 해도 될까요?"

"아, 오 사원. 편하게 말해 봐요. 이번에 함께 야근도 많이 했죠. 정말 고생 많았어요."

"부장님, 조직에서 성과가 가장 중요하다는 것은 알지만, 제가 일 때문에 힘들다고 여러 번 말씀을 드렸는데도 부장님은 신입이라 그렇다, 조금만 참으면 괜찮을 거라는 말씀만 하셨습니다. 사실 저는 퇴사하고 싶을 정도로 많이 힘들었거든요. 이런 일이 반복되니 '부장님은 내 기분에 공감을 못 해주시는구나' 싶어 그 후로는 더 이상 그런 말을 하지 않았습니다. 프로젝트가 잘 끝났으니 다행이긴 한데, 그때는 정말 많이 힘들었습니다."

"그랬었군요. 그렇게까지 생각하고 있을 줄은 몰랐는데……."

이 문제, 어떻게 해결하면 좋을까?

리더가 된다는 것은 곧 조직 내 영향력이 커진다는 의미입니다. 지시해야 할 일이 많아지니 직원들의 말을 듣기보다는 해야 할 말을 더 많이 하게 되고, 자연스럽게 상대방의 감정을 이해하고 공감하기가 쉽지 않아집니다. 선천적으로 공감 능력이 좋은 사람들도 있지만 대부분은 그렇지 않기 때문에, 스스로 자신이 어떤 상태인지 인식하고 공감 능력이 낮은 것 같다면 노력을 통해 끌어올려야 합니다.

공감의 사전적인 의미는 '남의 감정, 의견, 주장 따위에 대하여 자기도 그렇다고 느낌'이지만, 심리학의 동기 강화 상담에서는 공감을 '상대방의 입장에서 그의 세계를 지각하고 있음을 보여주는 의사 소통 상태. 그러나 내가 실제로 그 사람이 되는 것은 아닌 상태'라고 정의합니다. 즉, 공감은 상대방의 입장에서 생각하는 소통의 한 방식이지만 상대방의 생각에 언제나 동의한다는 의미는 아닙니다.

정신과 의사인 정혜신 박사는 공감을 "네가 옳다는 믿음, 나는 어떤 상황에서도 너를 지지한다는 마음"이라고 지칭했습니다. 이처럼 공감은 상대방의 옳고 그름과 상관없이 지지해주고 싶은 마음이기도 합니다. 그 에너지가 상대방에게 닿을 때, 진정한 공감이 시작됩니다.

어느 날, 친한 친구와 전화를 했습니다. 새로운 프로젝트 때문에 야근이 잦은 탓에 친구에게 위로와 공감을 받고 싶어 이렇게 말했습니다.

"오늘도 야근해서 힘들어 죽겠다. 정말 미치겠어……."

그때 친구가 이렇게 대답하면 어떤 기분이 들까요?

"너 또 야근하냐? 네 능력이 부족해서 그러는 거 아냐?"

"너희 회사는 왜 그 모양이냐? 워라밸도 몰라! 아이고, 퇴사해, 퇴사!"

이 사례에서 친구는 공감 섞인 대화를 하고 있지 않습니다. 대화를 할 때는 상대방이 왜 전화했는지, 무엇을 원하는지 감정과 본심까지 파악하고 공감하는 것이 중요합니다. 상대가 힘들고 피곤해 위로나 공감을 받고 싶어 보인다면 "오늘도 일이 많은가 보네. 힘들어서 어떡하냐. 급한 일 끝나면 어서 들어가서 쉬어. 일도 중요하지만 네 건강이 걱정돼"라고 말하는 것이 공감하는 대화입니다. 이처럼 상대의 힘든 상황을 내가 알고 있고, 그를 지지하고 있다는 메시지를 주면 됩니다.

힘들거나 어려운 상황을 들었을 때 어쩌면 해결 방법이 없을 수도 있습니다. 그러나 공감은 상대방의 감정을 이해해주는 것이므로 해결할 수 없는 문제라면 그냥 잘 듣기만 해도 상대는 충분히 공감받고 있다고 생각할 것입니다.

공감을 할 때는 6가지 전제가 깔려 있어야 합니다.

첫 번째는 현재에 있는 것입니다. 공감은 지금 일어나고 있는 상황을 바탕으로 진행되어야 합니다.

두 번째는 관심의 초점을 상대방이 하는 말 속에 숨어 있는 욕구와 느낌에 맞추는 것입니다. 속마음을 파악해야 상대방을 진심으로 이해할 수 있기 때문입니다.

세 번째는 상대방이 공감받고 있다고 느낄 수 있도록 충분한 시간을 확보하는 것입니다. 상사들은 바쁘다는 이유로 대부분 짧은 시간 안에 대화를 끝내려고 합니다. 충분한 대화를 하지 않은 상태에서 상대방을 이해하려고 하니 잘 될 리가 없습니다. 제대로 공감하고 싶다면 온전히 상대방의 이야기를 들을 수 있도록 시간을 충분히 할애해야 합니다.

또 대화할 때 공감이 정말 어렵다면 나 자신에게 공감이 필요한 것은 아닌지 확인해 봐야 합니다. 신체적으로 힘들거나 피곤하면 타인의 생각에 공감하기 어렵습니다. 만약 자신이 힘든 상태라면 대화를 중단하고, 컨디션과 에너지를 끌어올려 충분히 상대방에게 공감할 수 있을 때 다시 대화를 시도해야 합니다.

대화를 할 때 상대방에게 반드시 피드백을 할 필요는 없습니다. 사람들은 어떤 이야기를 들으면 자신의 경험이나 지식을 동원해 조언을 해줘야 한다고 생각합니다. 그러나 해결책을 제시할 수 없을 때도 있습니다. 그럴 때는 그냥 들어만 주어도 됩니다. 그래야 내가 공감하고 있음을 상대방이 느낄 수 있으니까요.

마지막으로 앞에서도 말했듯 공감은 상대방의 말, 행동, 생각에 무조건적으로 동조하거나 수용하는 것이 아닙니다. 상대방과 나의 생각은 다를 수 있습니다. 이를 인정하면서 상대방의 생각 자체를 지지해주는 마음을 갖는 것이 공감입니다.

사례에서 차 부장은 6가지 공감의 전제를 생각해 볼 필요가 있습니다. 어려움을 호소하는 김 사원에게 자신이 어떤 감정을 갖고 이야기를 들어줬는지, 지키지 못할 약속을 하지는 않았는지 돌아봐야 합니다. 자신의 힘으로 뭔가 해줄 수 없다면 그냥 묵묵히 들어주어야 했음을 깨달아야 합니다.

차 부장처럼 되지 않도록 공감 대화를 위한 4단계 프로세스로 공감 대화 잘하는 법을 연습해 보시기 바랍니다.

– 공감 대화를 위한 4단계 프로세스

공감 대화란 다른 사람의 상황에 온전히 빠져 보려고 노력하는 것이자 상대방의 현재 감정을 느껴 보는 일입니다. 공감 대화를 위한 4단계 프로세스는 상대방의 입장이 되어 마음 깊이 공감하는 방법을 알려줍니다.

1단계, 나를 버리고 상대방의 입장에서 생각해 봅니다. '지금 내가 그 사람과 같은 상황에 처해 있다면 어떤 기분일까?' '이 사람은 그 상황에서 왜 그런 행동을 했을까?' 등의 생각을 통해 상대방의 생각으로 상황을 바라볼 수 있어야 합니다.

두 번째 단계는 상대방의 감정을 생각해 보는 것입니다. 대화를 하는데 상대방이 슬퍼하고 있습니다. 그러면 그 감정을 나에게도 그대로 적용해 보는 겁니다. 단순히 슬픈 마음을 위로하는 자세가 아닌, 내가 그 감정의 정점에 서있는 듯 상대와 감정을 공유하는 것입니다. 물론 상대가 슬퍼하는 이유에 동의하지 않을지라도 지지한다는 마음의 에너지를 보내주어야 합니다.

두 번째 단계에서의 생각을 말로 표현하는 것이 세 번째 단계입니다. 상대방의 이야기를 듣고 내가 어떻게 느꼈는지 말해 봅니다. 그리고 그 상황에서는 충분히 그럴 수 있다고 한 번 더 공감을 표합니다. 상대의 감정이 격해져 있을 때는 구구절절 말하기보다는 상대가 하는 말을 듣고 있는 편이 더 도움이 될 수 있습니다.

마지막 4단계는 표현은 1인칭으로 하되, 의문문으로 말하는 것입니다. 내 생각을 강조하기 위해 1인칭으로 질문하고, 철저하게 상대방에게 초점을 맞추고 있음을 보여주기 위해 나의 감정을 다음과 같이 의문문으로 표현하는 것입니다.

"네 이야기를 들어 보니 내 생각에는 네가 여자친구와 헤어진 일을 후회하고 있는 것 같은데, 맞니?"

"임 사원님 말을 들어 보니 팀장님이 임 사원님이 노력한 건 봐주지 않고 결과만 보고 질책해서 서운해하는 것 같은데, 맞나요?"

오 사원과 차 부장의 대화를 공감 대화로 바꿔 봅시다.

"부장님, 조직에서 성과가 가장 중요하다는 것은 알지만 제가 일 때문에 힘들다고 여러 번 말씀을 드렸는데도 부장님은 신입이라 그렇다, 조금만 참으면 괜찮을 거라는 말씀만 하셨습니다. 사실 저는 퇴사하고 싶을 정도로 많이 힘들었거든요. 이런 일이 반복되니 '부장님은 내 기분에 공감을 못 해주시는구나' 싶어 그 후로는 더 이상 그런 말을 하지 않았습니다. 프로젝트가 잘 끝났으니 다행이긴 한데, 그때는 정말 많이 힘들었습니다."

"오 사원이 나에게 여러 번 고충을 말했는데 너무 바빠서 제대로 들어주지도 못했네요. 많이 힘들었죠?"

"저는 조직 경험이 처음인데 그저 '지금은 열심히 할 때다'라고만 하셔서 정말 상처 많이 받았습니다……."

"그때는 프로젝트가 정말 숨 가쁘게 돌아가서 그것에만 집중하고 있었거든요. 리더로서 오 사원의 상황과 마음을 잘 챙겨줬어야 했는데, 미안해요. 앞으로는 팀원들의 마음을 더 깊이 생각해 보겠습니다. 솔직하게 말해줘서 정말 고마워요."

공감 대화를 잘하는 것은 개인의 신념, 성격기질과도 연관이 있기 때문에 시도하는 데 어려움을 느끼는 사람도 많지만, 이는 자신의 노력에 따라 충분히 끌어 올릴 수 있습니다. 공감 대화는 상대방과 더 가까워지고 좋은 결과가 나도록 하며 마음을 전하는 효과적인 대화법이기 때문에, 공감 대화를 잘할 수 있도록 꾸준히 노력해야 합니다.

바쁜 사람들을 위한 요약

공감 대화란 다른 사람의 상황에 온전히 빠져보려고 노력하는 것이자 상대방의 현재 감정을 느껴보는 일입니다. 공감 대화를 하고 싶다면 나를 버리고 상대의 감정에 이입해 그 사람의 입장을 말로 표현하면 됩니다. 내 생각을 강조하기 위해 1인칭으로 질문하고, 철저하게 상대방에게 초점을 맞추고 있음을 보여주기 위해 나의 감정을 의문문으로 표현하는 것이 좋습니다.

피드백 제대로 해주고 있는 거 맞겠지?

: 피드백을 할 때 고려해야 할 것들

Q.

일할 때 상대방에게 피드백을 잘하는 것이 무엇보다 중요하다는 사실을 잘 압니다. 긍정적 피드백, 건설적 피드백에 대한 프로세스도 잘 알고 있습니다. 그런데 상황에 따라 피드백을 할 때 고려해야 할 점이 많은 것 같습니다. 더 명확하게 피드백을 하려면 무엇을 고려해야 할지 알 수 있을까요?

"선배님, 피드백을 할 때 프로세스나 스킬에 맞춰 잘 해 보려고 하는데 막상 실제로 하려니 어렵습니다. 상황에 따라 고려해야 할 점이 많네요."

"프로세스와 스킬도 중요하지만 피드백은 기본적으로 사람에 대한 애정과 신뢰가 먼저예요. 상대방이 잘 되었으면 좋겠다는 마음, 긍정적으로 변화할 것이라는 믿음이 전제되어 있어야 진정성 있는 피드백을 할 수 있습니다."

"기본적인 태도와 함께 구체적으로 고려해야 할 점들을 알려주시면 많은 도움이 될 것 같습니다."

이 문제, 어떻게 해결하면 좋을까?

피드백은 타인을 코칭하고 있다는 자세로 해야 합니다. 상대방이 나의 피드백을 듣고 긍정적인 영향을 받아 스스로 잘 해낼 것이라는 믿음을 갖고 시작해야 합니다. '내가 피드백을 해도 어차피 저 친구는 변하지 않아'라고 생각하면 그 에너지가 그대로 상대방에게 전달됩니다. 그럼 좋지 않은 결과가 나올 수밖에 없겠죠. 반대로 진심 어린 애정과 관심이 담긴 피드백이 반복되면 그 영향력은 더 커지게 됩니다.

이런 마인드와 더불어 몇 가지 고려해야 할 사항들이 있습니다. 우선 긍정적 피드백(칭찬)을 건설적 피드백(질책)보다 3배 더 많이 하는 것이 좋습니다. 사람은 칭찬을 받으면 더 크게 성장할 수 있습니다. 동기 부여에 최고로 효과적인 것이 바로 칭찬이므로, 질책보다 칭찬을 더 많이 하는 것이 결과적으로 좋은 성과를 내는 지름길입니다.

또한 긍정적 피드백과 건설적 피드백은 구분하여 전달해야 합니다. 칭찬을 할 때는 칭찬만, 질책을 할 때는 질책만 하는 것이 좋습니다. 칭찬을 하다가 질책을 하게 되면 메시지가 혼동되어 상대방이 듣기에 일을 잘한 것인지 못한 것인지 헷갈리니까요.

피드백의 핵심은 관찰한 내용을 구체적으로 설명해주는 것입니다. 이때 사실 중심으로 피드백을 하면 문제가 생길 일이 없지만, 개인적인 감정이나 생각이 들어가면 문제가 달라집니다. 사람들은 자신이 잘못한 사실 자체는 잘 인정하지만, 타인의 평가에는 관대하지 않습니다. 따라서 피드백을 할 때는 사실을 중심으로 내가 관찰한 것만 말해주면 됩니다. 그러면 불필요한 오해를 줄일 수 있습니다. 그 후에는 어떤 변화와 개선이 필요한지 이야기해주면 됩니다.

상대방의 신념, 가치관, 성격에 대해서 피드백하는 것은 좋지 않습니다. 개인이 가진 고유한 특성은 잘 바뀌지 않습니다.

부하 직원에게 “당신 성격이 이상하니 고치세요!”라고 말하는 상사들도 있는데, 성격기질은 서로 다름을 인정하고 존중해야 하는 것이지 지적해서 바꿀 수 있는 것이 아닙니다. 이런 부분을 언급하는 것은 피드백이 아니라 지적질일 뿐입니다. 그래서 항상 역지사지의 마음을 가지고 ‘내가 저 상황이라면 어떤 말을 듣고 싶을까?’ ‘어떤 피드백을 받으면 내게 도움이 될까?’ 등을 시뮬레이션하며 피드백을 하는 것이 좋습니다.

마지막으로 건설적 피드백은 상대방이 변화와 개선을 할 수 있는 동기를 제공하므로, 피드백을 하기 전에 나 자신이 상대에게 신뢰받고 있는지 파악해야 합니다. 상사가 사실 중심으로 건설적 피드백을 해도 부하 직원이 상사를 믿지 않는다면, 속으로 ‘자기나 잘하지’라고 생각해 이야기를 제대로 듣지 않을 것입니다. 그러니 건설적인 피드백이 단순한 지적질이 되지 않도록 자신이 상대방에게 충분한 신뢰를 주고 있는지 미리 확인해야 합니다. 받아들여지지 않는 좋은 조언은 공허할 뿐이니까요.

바쁜 사람들을 위한 요약

피드백은 타인을 코칭하고 있다는 자세로 해야 하며, 상대방이 내 피드백으로 인해 긍정적인 영향을 받고 그 후 스스로 잘 해낼 것이라는 믿음을 갖고 시작해야 합니다. 또한 상대방이 나를 신뢰해야 피드백이 효과적으로 전달됩니다.

업무 진행 상황 공유 좀 합시다

: 혼자 일 처리를 하려고 하는 직원

Q.

저는 내향적이라 말이 없고, 혼자 있는 것이 더 편합니다. 업무도 주로 혼자 해 왔기 때문에 의사 결정도 스스로 판단해서 하는 경우가 많습니다. 업무 능력에 자신감을 가지고 있어, 다른 사람이 제 업무에 간섭하는 것도 좋아하지 않습니다. 그렇다 보니 동료들과의 대화는 물론, 다른 팀 팀원들과도 대화가 거의 없습니다. 어떻게 해야 할까요?

"오 대리, 지난번 이야기했던 기획서 완성되었나요?"

"지금 작성하고 있습니다. 완성되면 바로 보여드릴 테니 조금만 기다려주세요. 그리고 혼자 집중해서 일하는 게 좋아서요. 기한 내에 드릴 테니까 중간에 따로 확인하지 않으셔도 됩니다."

"지난번에도 그렇게 하다가 피드백을 제대로 받지 못해서 상무님에게 깨졌잖아요. 중간중간에 오 대리가 잘하고 있는지 확인하는 것도 제 역할입니다. 그러니 잘 준비해주세요."

"팀장님, 제가 알아서 보고 드릴 테니 직접 체크는 하지 않으셨으면 합니다. 그렇게 하시면 업무에 몰입이 잘 안 됩니다."

이 문제, 어떻게 해결하면 좋을까?

사람에게는 각기 다른 성격기질이 있습니다. 내향적인 사람이 있는가 하면 외향적인 사람도 있습니다. 사례의 오 대리는 타인과 업무를 함께하기보다는 혼자 결정해서 일하기를 선호하는 사람입니다. 그러나 조직은 1인 기업이 아니므로 함께 도와 가며 협업해야 합니다. 그렇기 때문에 상사는 반드시 오 대리에게 피드백을 해줘야 합니다. 내향적이라서 말을 하지 않고 혼자서 일 처리를 하는 것이 편할 수도 있겠지만 필요할 때는 반드시 대화를 하며 업무를 진행해야 하고, 협업해야 할 경우에는 회의 등을 통해 서로 의견을 나누어야 한다고 말해줘야 합니다. 그것이 상사의 역할입니다.

작은 문제를 덮어 두면 처음에는 사소해 보이지만 시간이 지날수록 문제가 점점 커져 감당할 수 없을 정도가 됩니다. 그러니 어떻게 함께 일할 것인지, 왜 그렇게 해야 하는지를 서로 명확하게 인지해야 합니다. 이 과정이 생략되면 직원들의 불만이 쌓여 업무 효율이 떨어지고, 서로를 탓하면서 성과가 떨어지는 결과를 낳게 됩니다.

한 번 이야기했는데 변화가 없다면 두세 번 더 명확하게 피드백을 주고, 그래도 변하지 않는다면 경고를 줘야 합니다. 상사가 가진 영향력을 활용해 패널티를 주거나 인사 평가 등에 반영하겠다는 강력한 피드백을 주는 것이 효과적입니다. 계속 변하지 않으면 경고에서 끝나지 않고 실제로 그렇게 할 수 있음을 보여야 합니다.

밀레니얼 세대, Z세대 중 오 대리 같은 케이스가 많습니다. 자신만 잘하면 된다는 생각 때문에 남을 의식하지 않고 자신이 하고 싶은 대로만 하는 것입니다. 이 세대들의 특징이므로, 무작정 비난하기보다는 그들의 삶의 방식에 공감하면서 어떻게 행동하는 것이 합리적이고 옳은 일인지 인식시켜주는 편이 좋습니다.

"하지 마세요." 등의 명령을 하지 않고 왜 그렇게 하면 안 되는지 이유를 명확히 말해주는 일 또한 중요합니다. 사람에게는 하지 말라고 하면 더 하고 싶은 욕구가 있습니다. 하기 싫어하는 이유의 근원을 찾아서 해결해주면 더 쉽게 변화를 이끌어낼 수 있을 것입니다.

바쁜 사람들을 위한 요약

조직에서는 팀워크를 발휘해야 성과가 납니다. 이를 저해하는 행동을 하는 직원들에게는 구체적인 피드백을 해야 합니다. 상사와 부하 직원 모두가 납득할 수 있도록 해당 피드백을 하는 이유를 설명하고, 변화할 수 있도록 도와야 합니다.

요즘 무슨 고민 있어요?

: 직원들의 고민을 끄집어내는 방법

Q.

직원들의 고민이나 걱정을 끄집어내기가 너무나 어렵습니다. 면담을 해 보면 업무에 대한 부담이 많은 것 같은데, 구체적으로 어떤 게 부담이 되는지 제대로 말해 주지 않습니다. 또 변화가 필요한 부분이 있는데도 바뀌지 않는 모습이 답답할 때가 있습니다. 이런 직원들에게 어떻게 동기 부여를 할 수 있을까요?

"임 사원님, 요즘 계속 정해진 시한보다 보고서를 늦게 가지고 오는데, 혹시 무슨 일 있나요?"

"아닙니다. 일이 몰려서 계속 늦어지는 것 같습니다. 먼저 말씀드렸어야 했는데, 죄송합니다."

"어려움이 있으면 먼저 이야기해주세요. 보고서도 좀 늦어질 것 같으면 제가 확인하기 전에 먼저 사정을 설명해주면 좋겠네요. 이런 상황이 계속 반복되면 임 사원님을 신뢰하기 힘들게 될 수도 있거든요."

이 문제, 어떻게 해결하면 좋을까?

사람들은 변화를 필요로 하는 상황 속에서 변화해야 할지, 말아야 할지에 대해 양가감정을 가지게 됩니다. 변하고 싶다는 마음과 변하고 싶지 않다는 정반대의 감정이 동시에 존재하는 것입니다. 변화의 필요성은 절실히 느끼지만 능동적으로 변화할 의지는 없을 때 이런 감정이 생기게 됩니다.

변화를 시작해야 하는 시점에서 갈등하는 일은 인간이라면 누구나 겪는 것입니다. 다이어트를 한다고 생각해 보세요. 살을 빼서 멋지게 보이고 싶지만, 동시에 맛있는 음식을 보면 '하루쯤 먹으면 어때'라며 또 먹게 됩니다. 변화를 시도했지만 결국 실패하고 마는 것입니다. 예나 지금이나 인간은 이런 감정을 가지고 살아가고 있습니다.

양가감정은 변화를 대하는 지극히 정상적인 반응입니다. 오히려 이러한 감정을 느끼는 순간이 변화가 시작되기 바로 직전이라는 긍정적인 신호라고 할 수 있습니다. 리더는 부하 직원에게 변화를 요구할 때 이 양가감정에 주목해야 합니다. 리더의 의도대로 잘 변화해주면 좋겠지만 변화하고 싶지 않은 마음 탓에 계속 갈등이 생기고, 상사에게 자신이 변화해야 하는 이유를 이야기했다가도 다시 스스로 변화하지 않아도 되는 이유를 떠올리기도 하니까요. 최악의 경우에는 아예 생각을 하지 않을 수도 있습니다.

부하 직원이 양가감정에서 빠져 나오게 하려면 리더가 방향을 선택해 그 방향대로 계속 갈 수 있도록 도와주어야 합니다. 이때 도와주는 것에 그쳐야지, 절대 강요해서는 안됩니다. 더 많이 알고 있고 경험이 많다고 해서 무조건 변화해야 한다고 강요하면, 실질적인 변화는 기대하기 힘듭니다. 이러한 태도를 교정 반사라고 합니다. 리더가 변화의 중요성을 계속적으로 강조하고, 변화해야 하는 이유를 제시하며 어떻게 성취할 수 있는지 말해줄 수는 있습니다. 그러나 상사가 교정 반사를 취하면 부하 직원은 겉으로 동의하는 것처럼 행동하지만, 속으로는 분노하거나 방어적인 태도를 취하고 상사를 불편하게 생각할 가능성이 큽니다. 때로는 이러한 강요 때문에 변화하고 싶지 않다는 결론으로 귀결되기도 합니다. 이럴 때는 열린 질문, 긍정적인 질문, 미래 지향적인 질문을 통해 변화를 유도하는 것이 효과적입니다.

"김 매니저는 어떤 식으로 변화하고 싶나요?"

"원하는 변화를 이루기 위해서 어떻게 하면 좋을까요?"

"그중 가장 중요한 우선순위 2가지만 먼저 이야기해 볼까요?"

"변화하게 되면 무엇이 좋아질 것 같습니까?"

"그럼 가장 먼저 해야 할 일은 무엇인가요?"

지속적으로 좋은 질문을 통해 직원들의 깊은 생각을 이끌어 내고, 스스로 변화할 수 있도록 여지를 주면 좋습니다. 자신이 변화의 모멘텀을 만들어 내도록 이끄는 것이 곧 동기를 부여하는 가장 빠른 길이니까요.

바쁜 사람들을 위한 요약

사람들에게는 양가감정이 있기 때문에 변화를 무리하게 강요해서는 안 됩니다. 부하 직원이 스스로 선택하고 주체적으로 행동할 수 있도록 좋은 질문을 던져 변화를 이끌어내는 것이 가장 효과적인 동기 부여입니다.

쟤랑 성격 진짜 안 맞아

: 성격이 달라서 함께 일하기 싫은 직원

Q.

저는 오 사원과 일하기가 매우 불편합니다. 지시를 내리면 일은 잘해 오는데, 속도가 너무 늦고, 자기 생각도 잘 말하지 않기 때문입니다. 점심 식사를 함께하려고 할 때도 항상 불편한 기색을 보입니다. 조직 생활은 좀 활기차게 해야 한다고 말해도 고개만 끄덕이지 전혀 바뀌지 않습니다. 회의 때도 자신의 업무 관련 말만 하고 침묵하기 일쑤입니다. 어떻게 해야 제가 원하는 방향으로 오 사원이 변할 수 있을까요?

"오 사원, 이틀 전에 부탁한 보고서 다 작성했나요?"

"아직 못했습니다. 오늘 오후까지는 가능할 것 같습니다."

"아니, 그게 뭐 어렵다고 시간이 이렇게 많이 걸려요. 빨리 좀 해서 보고합시다."

"네, 빨리 해서 보고 드리겠습니다."

"입사한 지 1년도 넘었는데 왜 이렇게 업무 속도가 느린 건지……. 그리고 좀 늦을 것 같으면 미리 와서 언제까지 하겠다고 이야기를 해야 하는 거 아닌가요? 내가 물어볼 때까지 가만히 있으면 됩니까? 정말 답답해서 같이 일을 못하겠네."

이 문제, 어떻게 해결하면 좋을까?

일을 하다 보면 서로 다른 업무 스타일 때문에 스트레스를 받을 때가 많습니다. 사람들은 서로 다른 성격기질을 가지고 있고 그로 인해 업무 스타일 역시 다를 수 있는데, 이런 차이를 인정하지 않는 것입니다. 인간의 성격기질을 연구한 심리학자 카를 구스타프 융Carl Gusta Jung은 자신과 프로이트가 겪은 갈등을 바탕으로 사람 사이에 갈등이 왜 생기는지 연구하고, 이를 '심리유형론'이라 명명했습니다.

세계 최고의 심리학자로 평가받는 프로이트는 융보다 20살

많습니다. 융이 스위스에서 정신과 의사이자 심리학자로 유명해지던 무렵, 오스트리아에서 열린 세미나에 참석할 일이 있었습니다. 이때 빈에 살고 있던 프로이트를 만나게 됩니다. 융의 천재성을 익히 알고 있던 프로이트가 융을 자신의 집으로 초대하면서 둘은 역사적인 대화를 합니다. 이때 14시간 동안 쉬지 않고 대화했다는 유명한 일화도 있습니다. 서로에 대한 지적인 호기심, 통찰의 교감은 두 사람 모두에게 큰 영향을 주었습니다. 프로이트는 융에게 자신과 함께 연구할 것을 권했고, 존경하는 프로이트의 제안이었기에 융 역시 영광스럽게 생각하면서 본격적으로 교류를 하게 됩니다.

하지만 프로이트는 자신의 연구 활동에 융이 적극적으로 참여하고 융의 연구는 나중에 하기를 원했습니다. 융은 자기가 연구하고 싶은 분야를 절대 포기할 수 없었고, 그로 인해 두 사람 사이에 갈등이 생깁니다. 그러다 결국 갈등을 좁히지 못하고 결별을 하게 됩니다.

이 일로 융은 큰 상처를 받습니다. 그 후 "사람들은 왜 서로를 이해하지 못할까?"라는 의문을 품고 사람 사이의 갈등을 연구하게 된 것이 심리유형론 연구의 시작입니다.

융은 자신의 병원에 찾아온 많은 환자들을 지켜보면서 사람들의 성격이 특정한 패턴을 띠고 있다는 사실을 알게 됩니다. 이렇게 완성된 심리유형론을 바탕으로 만들어진 것이 바로 MBTI입니다. MBTI는 브릭스와 마이어스 모녀에 의해 만들어졌으며, 전 세계적으로 인정받는 성격기질 진단 기법으로 현재까지도 꾸준히 사용되고 있습니다. 최근 모 TV 프로그램에서 유재석, 이효리, 비 같은 톱스타 연예인들이 MBTI 진단을 해 대중에게 더 많이 알려지게 되었습니다.

일부 사람들은 MBTI를 재미 삼아 해 보는 심리 진단이라고 생각합니다. 그러나 MBTI는 심리학적으로 여러 검증을 거친 진단입니다. 지금부터 MBTI에 대해 알아보겠습니다.

융은 에너지의 방향성에 따라 사람의 성향을 외향Extraversion과 내향Introversion으로 구분했습니다. 인식 기능으로서 정보를 수집하는 방식은 감각Sensing과 직관Intuition, 판단 기능으로서 의사 결정을 하는 방식은 사고Thinking와 감정Feeling, 생활 양식은 판단Judging과 인식Perceiving으로 구분합니다.

각 성격기질의 강도는 개인마다 다릅니다. 어떤 사람은 외향성이 강하고 내향성이 약한 반면 그 반대인 사람도 있을 수 있습니다. 외향성과 내향성의 정도가 비슷한 사람도 있습니다. 사람들이 비슷한 것 같으면서 다른 이유입니다.

외향적인 사람들은 에너지가 밖으로 향해 있는 사람들입니다. 시키지 않아도 말이 많으며 행동도 적극적입니다. 다양한 것에 관심을 가지며 시야도 넓습니다. 표현을 할 때는 주로 말로 하고자 합니다. 다수와의 관계를 선호해서 여러 사람들이 모이는 것을 좋아합니다. 사람들을 만나면 에너지를 얻기 때문입니다. 행동을 할 때도 지시를 받는 순간 바로 움직이기 때문에 속도가 빠른 편이며, 생각과 말을 동시에 하는 경우가 있습니다.

반대로 내향적인 사람들은 말이 적은 편입니다. 사색을 좋아하며 깊이 있는 인생을 추구합니다. 말보다는 글이 편해서 메신저나 문자 메시지, 이메일로 소통하는 쪽을 선호합니다. 소수의 인원과 대화하고 일하는 것을 선호하며 혼자 있을 때 에너지가 생기기 때문에 혼자 있기를 좋아합니다. 일을 지시 받았을 때 충분히 생각하고 나서 행동하기 때문에 작업 속도가 느린 편입니다.

외향적인 사람과 내향적인 사람이 함께 일을 하거나 소통을 할 때 어떤 갈등이 있을까요? 외향적인 상사는 빠른 일 처리를 원하고, 적극적이고 열정적인 모습의 직원을 좋아합니다. 그러나 내향형은 성격기질적으로 조용하고, 열정적인 모습을 보이기보다는 차분하게 자신의 일을 꾸준히 해내기 때문에 외향적인 상사의 입장에서는 답답하게 보일 수 있습니다.

서로 다른 점을 이상하다고 보는 순간 갈등의 골은 더 깊어집니다. 외향형인 사람이 자신의 동료가 내향형이라는 것을 알았다면 내향형의 특징을 이해하고 인정하며 배려하면 됩니다.

융이 두 번째로 연구한 기질은 감각과 직관입니다. 감각적인 사람은 사실과 현실성에 초점을 두고 세밀한 부분까지 감지합니다. 일을 할 때는 프로세스를 잘 따르며, 자신의 구체적인 경험을 더 믿는 경향성이 있습니다.

반면 직관적인 사람은 통찰과 가능성에 중점을 둡니다. 전체적인 맥락이 중요하며, 일을 할 때도 필요 없다고 생각되는 부분은 프로세스와 상관없이 건너뛰기도 합니다. 포괄적인 개념을 선호해 아이디어가 많고 상상력이 풍부합니다.

업무 기획 방향 또한 다릅니다. 상사가 똑같은 주제로 과제를 내주어도 직관형은 더 창의적이고 새로운 아이디어가 많이 들어간 도전적인 보고서를 가져오고, 감각형은 보고 내용에 충실하고 더 세밀하게 확인하여 통계 자료나 타당성에 초점을 맞춘 보고서를 가져옵니다. 따라서 상사가 직관형일 경우에는 아이디어가 많고 창의성이 높은 보고서를 선호할 것이고, 상사가 감각형이라면 구체적이면서 신뢰할 만한 데이터가 들어간 보고서를 선호합니다.

이렇게 성격기질에 따라서 선호하는 업무 방식이 다르기 때문에, 자신의 생각과 다른 의견이 나오면 거부감을 보이지 말고 상대방이 나와 성향이 달라 그런 의견을 냈다고 생각하면 좋습니다.

융이 세 번째로 연구한 기질은 사고와 감정입니다. 사고형은 논리적이고 분석적이며 객관적인 판단을 합니다. 진실이 중요하기 때문에 정의와 공평을 지키려고 노력합니다. 사람들을 자연스럽게 비평하는 스타일이라 종종 표현이 직설적일 때도 있습니다. 상황을 외부 관찰자 입장에서 바라봐 차갑다고 느껴질 수도 있습니다. 논리를 중요시해 근거나 자료가 없는 주장에는 잘 동조하지 않습니다.

반면 감정형은 상징적이고 포괄적이며, 주관적인 공감을 합니다. 자신의 주관적인 가치를 중요하게 생각하는 것입니다. 공동의 조화와 사람과의 관계를 중요하게 생각해 대화할 때도 직설적으로 말하기보다는 돌려서 말하고, 사람들을 이해하려고 하며, 공감과 칭찬을 잘합니다. 그래서 어떤 일이 벌어지면 그 일과 연관된 사람처럼 이입하기도 합니다.

사고형과 감정형은 조직에서 가장 갈등이 많이 생기는 성격기질입니다. 관계를 중시하는 감정형과 달리 사고형은 감정을 배제한 채 일을 하기 때문에 갈등이 심해지는 것입니다. 예를 들어 고객과 미팅을 하러 가고 있는데 갑자기 교통사고가 나 약속 장소에 갈 수 없게 되었습니다. 이때 사고형 상사에게 전화를 한다면 "보험사는 불렀어요? 사고 처리 잘 되고 있는 거죠? 미팅은 제가 대신 갈 테니 필요한 자료는 퀵서비스로 보내주세요. 우선 급한 것부터 빨리 처리합시다"라고 말할 것입니다. 사고형은 해야 할 일을 논리적으로 완벽하게 처리해야 직성이 풀립니다. 만약 사고를 당한 직원도 사고형이라면 이런 대화를 당연하다고 생각할 것입니다.

반면 감정형 직원에게는 자신이 괜찮은지는 물어보지도 않고 일 처리부터 하는 상사가 비인간적으로 느껴질 수 있습니다. 감정형 상사라면 "괜찮아요? 다친 곳은 없어요? 많이 놀랐죠? 미팅은 걱정하지 말고, 사고 처리 잘 한 다음에 얼른 병원에 가 봐요. 우리가 알아서 다 처리할게요"라고 이야기할 테니까요.

사람의 성격기질에 따라 같은 상황이어도 이렇게 반응이 달라집니다. 어떻게 반응하는 것이 더 나은지 비교하기보다는 상대방이 어떤 사람인지 이해하고 그에 맞춰 행동하는 것이 가장 좋습니다.

그러나 우리는 타인의 성격기질을 쉽게 파악할 수 없습니다. 그렇기에 개인의 다름을 열린 마음으로 인정하고, 타인을 관찰하면서 그들이 어떤 사람인지 이해하려고 노력하는 자세가 필요합니다.

네 번째 기질은 판단과 인식입니다. 세 번째 기질까지는 융이 연구한 내용이고, 판단과 인식은 브릭스와 마이어스가 추가한 유형입니다. 판단형은 주어진 상황을 잘 통제하며, 스케줄에 맞게 행동하는 것을 좋아해 생활이 매우 규칙적입니다. 조직화된 생활 양식을 선호하고 시간 약속을 잘 지키고 싶어 합니다. 또 어떤 일을 함에 있어 목표 지향적인 성향을 보입니다.

반면에 인식형은 주어진 상황에 잘 적응합니다. 자신이 처한 상황이나 수행할 업무가 자주 바뀌어도 화내기보다는 인정하고 순응하는 편입니다. 생활하는 방식이 유연해 충동적으로 일정을 바꾸거나 일하는 순서를 변경하기도 합니다.

여행을 간다고 생각해 봅시다. 판단형 사람들은 여행 기간 동안 무엇을 할지 시간대별로 꼼꼼히 계획하고, 그것을 지키기 위해 애씁니다. 하지만 인식형 사람들은 여행을 간다고 하면 호텔이나 교통편 등은 미리 예약하지만, 그 외에는 크게 신경 쓰지 않습니다. 큰 일정만 대략 생각해 놓고 여행을 가는 도중에 검색해 여행 코스를 정하는 경우가 많습니다. 판단형이라면 상상도 할 수 없지만, 인식형에게는 이런 방식이 당연합니다.

그래서 판단형과 인식형이 함께 여행을 가면 자주 싸우게 됩니다. 미리미리 여행 계획을 세워 그대로 지키려는 판단형 사람들에게 인식형은 매우 답답하게 느껴집니다. 인식형 사람들은 자고로 여행은 여유롭고 자유롭게 다녀야 한다고 생각하니까요. 그 반대도 마찬가지입니다.

업무에서 성격기질을 효과적으로 활용하려면 먼저 나의 성격기질을 이해하여 자기 인식을 하는 것이 중요합니다. 그 다음에는 위에서 설명한 경향들을 잘 살펴볼 필요가 있습니다. 3개의 코드가 같아도 1가지 코드가 다르면 성격이 크게 달라지기 때문입니다. 각 기질의 차이와 4개 코드의 성격기질을 함께 이해하는 것이 자기 인식에도 도움이 되고, 타인의 성격기질을 이해하는 데도 좋습니다.

바쁜 사람들을 위한 요약

융은 에너지의 방향성에 따라 사람의 기질을 외향과 내향으로 구분했습니다. 인식 기능으로서 정보를 수집하는 방식은 감각과 직관, 판단 기능으로 의사 결정할 때는 사고와 감정, 생활양식은 판단과 인식으로 구분됩니다. 업무에서 성격기질을 효과적으로 활용하려면 먼저 나의 성격기질을 이해하여 자기 인식을 하는 것이 중요합니다. 각 기질의 차이와 4개 코드의 성격기질을 함께 이해하는 것이 자기 인식에도 도움이 되고, 타인의 성격기질을 이해하는 데도 좋습니다.

저 사람 일은 언제 해?

: 일보다 사교에 더 집중하는 직원과의 소통

Q.

팀원과 소통하는 데 어려움이 있습니다. 팀원은 업무보다는 다른 사람들과의 사적인 친분 관계를 쌓는 데 더 많은 노력과 시간을 투자하는 것 같습니다. 가끔 정도가 지나쳐 업무에 지장을 줄 때도 있습니다. 저는 이성적으로 생각하며 공정하게 조직을 운영하려고 하는데, 팀원은 관계 중심적이고 감정적인 스타일입니다. 어떻게 해야 어려움을 극복할 수 있을까요? 직설적으로 말하면 상처받는 팀원이라 더 고민입니다.

"김 매니저, 잠깐만 나랑 회의실에서 이야기 좀 합시다. 내가 계속 지켜봤는데 김 매니저는 자리에 앉아 있는 시간이 길지 않은 것 같아요. 출근 후 특별한 이슈가 없으면 자리에 앉아서 일을 하고, 협의할 사항이 있으면 나와 이야기하면 되는데 찾을 때마다 매번 자리에 없더군요. 도대체 어디에 가서 무슨 일을 하나요?"

"팀장님, 제가 놀러 다니는 게 아닙니다. 다른 부서와 협의하러 가기도 하고, 미팅이나 회의를 하기도 합니다. 자리에 없다고 해서 일을 하지 않는 것이 아닙니다."

"사내 카페에서 김 매니저가 다른 부서 직원들과 수다를 떨고 있는 모습을 여러 번 봤어요. 출근해서 카페에서 시간을 보내는 것이 적절한 행동인가요? 대화가 필요하면 회의실에서 용건만 간단히 하고 자리로 돌아오는 게 맞는 것 아닌가요?"

"팀장님, 커피 마시면서 업무 이야기하고 미팅도 합니다. 꼭 회의실에서만 미팅을 할 필요는 없다고 생각합니다. 오히려 카페에서 차를 마시며 자연스럽게 이야기하는 편이 일 처리에 더 좋을 때도 많고요. 다른 부서원들과 좋은 관계를 맺으면 나중에 업무할 때 훨씬 수월해질 거라고 생각합니다. 팀장님이 오해하시는 것 같습니다."

"나는 그런 생각 자체가 이해되지 않아요. 회사에 오면 자기 자리에서 일에 열심히 몰두해야 맞는 거죠. 아무리 사내에 카페가 있다고 하더라도 점심시간 지나서 한 동안 카페에 앉아 있으면서 당연히 납득되지 않습니다. 일을 하는 것인지, 잡담을 하는 것인지 어떻게 압니까? 앞으로는 유의해주세요."

이 문제, 어떻게 해결하면 좋을까?

팀장과 김 매니저 사이에 갈등이 일어난 이유는 두 사람의 일을 대하는 태도와 성격기질이 다르기 때문입니다. 팀장은 사고 지향적인 성격기질을 가지고 있습니다. 사고 지향적인 기질을 가진 사람들은 논리적이고 이성적입니다. 공평이 중요한 이슈이며, 말을 할 때 돌직구를 날려야 직성이 풀립니다. 반면 김 매니저는 감정 지향적입니다. 인간관계가 무척 중요해 사람들과 함께 일하는 것을 좋아하고, 인간적인 면모를 가지고 있어 감정적인 것에 더 끌리는 스타일입니다.

팀장의 입장에서는 일을 할 때 인간관계에 치중하기보다 자기 자리에서 책임감 있게 꾸준히 일하는 것이 당연합니다. 다른 직원들과의 형평성을 고려해 봐도 그것이 옳으니까요. 그러니 툭하면 카페에서 다른 부서 직원들과 대화하는 김 매니저가 못마땅할 수밖에 없습니다.

감정형인 김 매니저는 다른 직원들과 협업하면서 다양한 관점에서 일을 하는 것이 더 좋다고 생각합니다. 평소 인간관계를 잘 유지하면 이후 다른 일을 할 때도 도움이 될 테니까요. 그래서 자신의 생각을 굽히고 싶지 않습니다.

성격기질이 달라서 서로 힘들어하는 상황은 언제나 존재합니다. 이럴 때 가장 먼저 생각해야 할 점은 서로의 다름을 인정하는 것입니다. 자기 생각이 무조건 옳다고 생각하면 갈등은 절대 해결되지 않습니다.

팀장은 김 매니저의 성격기질을 파악해 그 사람이 왜 그렇게 행동하고 있는지 안 후, 자신의 생각을 조금 바꿀 필요가 있습니다. 사내 카페에서 업무 시간에 대화하는 일이 업무의 일환일 수도 있음을 인정하고, 김 매니저가 자리에 없다고 해서 무작정 의심하지 않아야 합니다. 그렇다고 무조건 김 매니저가 하고 싶어 하는 대로 내버려 두어서도 안 됩니다. 충분한 대화와 상호 이해를 통해 오해를 없애고, 김 매니저가 자리에서 일을 하는 시간과 다른 부서원을 만나는 시간을 적절한 선에서 조절해주어야 합니다.

김 매니저도 팀장의 성격기질이 사고형이라는 것을 인지하고 팀장과 적절한 타협점을 찾아야 합니다. 자신의 생각이 틀릴 수도 있다는 사실을 받아들이고, 자리를 비우거나 사람들과 차 마시는 시간을 줄여야 합니다. 최대한 자리에서 해야 할 일을 열심히 하고, 자리를 비우거나 타 부서원들을 만날 때는 반드시 팀장에게 만남의 이유와 소요 시간까지 알린다면 갈등은 사라질 것입니다.

일반적으로 상사와 부하 직원 간의 갈등은 대부분 성격기질과 업무 스타일의 차이 때문에 발생합니다. 융은 나와 타인이 같아야 한다는 생각 때문에 관계의 고통이 생긴다고 했습니다. 다른 사람을 자신의 마음에 맞게 만들려고 하니 문제가 커지는 것입니다. 상사가 자신의 권한을 행사하는 일도 이런 관점에서 이뤄지면 리더십에 큰 타격을 입을 수 있습니다. 강압적인 지시에 무조건 순응하는 시대는 지났으니까요. 이제는 소통하고 협의해서 일을 풀어 나가야 합니다. 그러니 먼저 직원이 어떤 생각을 가지고 있고 성격기질은 어떠한지 확인하는 것이 중요합니다. 소통을 잘하는 사람들은 자신보다는 타인을 먼저 봅니다. 타인을 유심히 관찰하다 보면 답이 나올 것입니다.

바쁜 사람들을 위한 요약

타인의 행동이 불편할 때는 그 사람의 성격기질을 이해하고 나와 관점이 다르다고 생각해야 합니다. 어떻게 하면 상대방과 조화롭게 살아갈 수 있을지 고민하는 것이 좋은 관계를 맺는 시발점입니다.

이 대리 또 땅 파고 있네

: 사기가 떨어진 직원에게 동기 부여하는 방법

Q.

저희 팀의 주 업무는 공공 기관에 제안을 해서 일을 따오는 것입니다. 그런데 몇 개월째 수주에 실패해 제안서 작성을 맡은 임 대리의 사기가 많이 저하되어 있습니다. 일을 하다 보면 잘 안될 때도 있는데 자기 능력이 부족하다, 역량이 떨어진다고 하면서 자책합니다. 어떻게 동기를 부여해서 다시 일을 잘하게 할 수 있을까요?

"임 대리, 다음 주 입찰할 제안서는 다 되었나요? 지금 확인할 수 있도록 해주세요."

"팀장님, 죄송하지만 조금만 더 기다려주세요. 어제 다른 입찰 결과 기다리느라 마무리를 못했습니다. 요즘 계속 일이 잘못되어서 죄송합니다. 사실 이번 건도 잘 안될 것 같아서 작성 자체를 못하겠습니다."

"그럴수록 더 힘을 내서 잘해 봐야죠. 일이란 게 잘될 때도 있고 안될 때도 있는데 자꾸 그렇게 부정적으로만 생각하면 안 돼요. 안될수록 더 힘을 내고, 열정과 책임감을 갖고 일을 해야죠. 안 그래요?"

"네. 그래야 하는데 자꾸 자신감이 없어지고 힘이 빠지네요. 이 시기를 어떻게 이겨내야 할지 모르겠습니다. 정말 고민입니다."

이 문제, 어떻게 해결하면 좋을까?

일이란 성공과 실패의 연속입니다. 잘될 때도 있지만 잘되지 않을 때도 많습니다. 좌절의 순간에도 스스로 역경을 이겨낼 수 있는 힘을 가져야 합니다. 이를 회복 탄력성Resilience이라고 합니다. 회복 탄력성은 역경과 실패를 도약의 발판으로 삼아 더 높이 뛰어오르는 마음의 근력입니다. 회복 탄력성이 높은 사람들은 밑바닥까지 떨어졌다가도 원래 있었던 위치보다 더 높은 곳까지 올라갈 수 있습니다.

제안 수주에 계속 실패하면 누구나 좌절하고 실망하기 마련입니다. 이때 회복 탄력성이 높은 사람들은 그 위기를 딛고 다시 도전하여 좋은 결과를 냅니다. 그러나 회복 탄력성이 낮은 사람들은 마음을 다잡고 다시 열심히 하려 해도 의욕이 회복되지 않고, 심하면 슬럼프에 빠지기도 합니다.

회복 탄력성을 높여야 어떤 역경에서도 이겨낼 힘을 얻을 수 있습니다. 회복 탄력성은 타고나는 것이 아니므로 개인의 노력으로 충분히 끌어올릴 수 있습니다.

회복 탄력성은 3가지 요소로 구성되어 있습니다. 자신의 감정과 충동을 잘 통제하는 자기 조절력, 주변 사람과 건강한 인간관계를 맺는 대인 관계력, 긍정적 정서를 드러내는 낙관성입니다. 세 요소 모두 중요하지만 가장 중요한 것은 낙관성입니다. 위기가 닥쳤을 때 강한 긍정적 마인드를 가진 사람은 자기 조절력과 대인 관계력을 함께 끌어올릴 수 있습니다. 긍정적인 사람은 스스로를 잘 통제하고, 사람들과도 건강한 관계를 맺을 수 있으니까요. 결국 강한 긍정적 사고를 가진 사람이 회복탄력성을 쉽게 높일 수 있는 것입니다.

회복 탄력성을 높일 수 있는 구체적인 방법 4가지는 다음과 같습니다.

· 나를 지지해주는 사람 만들기

나를 지지하거나 응원해주는 사람이 많을수록 위기를 극복하기 쉽습니다. 다른 사람들이 긍정적인 피드백을 주면 일어설 힘을 얻게 되고, 실패했어도 다시 도전할 수 있습니다.

· 주위 사람들과 좋은 관계 맺기

하고 있는 일이 잘안 될 때도 힘이 들지만, 사람들과의 관계가 원만하지 못할 때 더 힘들기 마련입니다. 조직에서 역경을 겪을 때는 단순히 일이 잘안 되는 것 이상의 다른 요인들이 항상 있습니다. 이때 좋은 관계를 유지하던 동료들이 지지해주거나 위로해주면 다시 시작할 힘이 납니다. 따라서 함께하는 사람들과 좋은 관계를 맺고 그 안에서 긍정적인 에너지를 얻을 수 있다면 회복 탄력성이 쉽게 높아집니다.

· 가장 잘했던 순간을 떠올리며 셀프 리더십 발휘하기

일반적으로 일이 잘되지 않을 때 위기가 찾아오므로 자신이 가장 일을 잘했을 때의 순간을 떠올려 보면 큰 도움이 됩니다.

성공적으로 프로젝트를 완수했을 때, 제법 큰 규모의 제안 입찰에 성공했을 때 등 자부심을 가질 만한 성공 케이스를 생각해 보는 것입니다. 인간의 뇌는 상상과 현실을 구분하지 못하기 때문에, 최고의 모습을 끊임없이 상상하면 실제로 그렇게 될 가능성이 커집니다.

· 자신의 생각에 믿음을 갖고 확실하게 의사 결정하기

어려운 상황에 처했을 때 타인의 피드백을 받으면서 자신이 하는 행동에 믿음을 가져야 합니다. 생각이 정해졌다면 결정한 대로 실행하면 됩니다.

성공한 사람들의 삶을 보면 그들이 얼마나 긍정적이고 회복 탄력성이 높은지 확인할 수 있습니다. 그들의 에너지와 영향력은 매우 긍정적이고 열정적입니다. 회복 탄력성이 높은 사람들이 어려움을 최대한 빨리 극복하고 더 높은 자리에 설 수 있는 이유는 누구나 할 수 있는 것을 더 빨리, 꾸준히 했기 때문입니다. 이들의 방식을 따라해 보는 것도 회복 탄력성을 높이는 데 도움이 되겠죠.

바쁜 사람들을 위한 요약

회복 탄력성을 높이면서 스스로에게 동기를 부여할 수 있는 4가지 방법은 다음과 같습니다.

- 나를 지지해주는 사람 만들기
- 주위 사람들과 좋은 관계 맺기
- 가장 잘했던 순간을 떠올리며 셀프 리더십을 발휘하기
- 자신의 생각에 대해 믿음을 갖고 확실하게 의사 결정하기

김 대리한테 확인 안 해 봤어요?

: 업무 공유가 되지 않을 때

Q.

팀 내 업무 관련 정보들이 제대로 공유되지 않아서 타 부서에 같은 내용을 또 문의하는 경우가 많습니다. 정보가 공유되어 있었으면 쉽게 처리할 문제인데 계속 타 부서에 부탁을 하니 시간도 많이 걸리고, 에너지 소모가 큽니다. 더 효율적으로 일을 하려면 어떻게 해야 할까요?

"팀장님, 이번 기획 건은 인사팀에 문의해서 확인하느라 시간이 좀 늦어졌습니다. 이틀 전에 요청했는데 이제야 자료가 왔습니다. 독촉을 해도 부서가 다르니 정보를 빨리 주지 않았습니다. 정식으로 공문을 보내달라고 요청도 했습니다."

"지난번에 김 대리가 같은 자료를 요청했던 것으로 아는데요. 김 대리에게 확인해 봤어요?"

"아니요. 워낙 급하게 돌아가는 일이라서 우선 해당 부서에 먼저 요청했습니다."

"김 대리에게 받았으면 바로 처리할 수 있었을 텐데, 서로 자료 공유 같은 건 안 하나요?"

이 문제, 어떻게 해결하면 좋을까?

조직 내에 정보 공유가 제대로 되지 않아 같은 일을 또 하게 되는 경우가 많습니다. 특히 다른 부서에 정보 공유를 요청하는 경우 요청하기 전에 먼저 팀 내에서 확인했다면 여러 단계를 거치는 불편과 시간 지연을 막을 수 있었을 것입니다.

모든 것을 혼자서 할 수는 없습니다. 조직이 팀으로 구성되어 있는 이유는 팀원들끼리 협업하면서 효율적으로 일하기 위해서입니다. 따라서 서로 어떤 일을 하고 있는지 최대한 구체적이고 상세하게 공유하는 것이 좋습니다. 다음 3가지 사항을 명심하시기 바랍니다.

첫째, 팀원들은 업무 일지를 세세하게 작성해서 매주 회의 때 공유하는 것이 좋습니다. 자신이 하는 일을 세부적으로 작성하는 것은 번거로울 수 있지만, 이 작업은 1년 동안 한 일을 정리할 수 있다는 점에서 장점이 많습니다.

둘째, 주마다 회의를 한다면 회의 전에 일어난 이슈들을 수시로 공유할 필요가 있습니다. 타 부서나 외부 업체와의 협업 과정에서 필요한 자료나 업무 관련 요청 사항을 부서 게시판이나 업무 메신저 등을 통해 서로 전달하는 습관을 들여야 합니다. 특히 밀레니얼 세대, Z세대 들은 문자나 톡 문화에 익숙하기 때문에 빠르게 업무 협조를 구하거나 정보를 얻기 용이합니다.

셋째, 제도나 시스템 문제가 아닌 상호 간 신뢰 문제 때문에 정보가 잘 공유되지 않을 수도 있음을 염두에 두어야 합니다. 서로 대화하거나 질문하는 일 자체가 싫어서 혼자 일 처리를 해 버리는 것입니다. 이런 경우에는 먼저 팀원들 간의 관계 개선이 필요합니다. 서로 편하게 부탁하고 도움을 받을 수 있는 업무 환경을 만드는 것이 가장 중요합니다.

일의 기본은 관계입니다. 보통 효율적으로 일이 진행되지 않는 가장 큰 원인은 인간관계에 문제가 있기 때문입니다. 업무 시스템이 잘 갖춰져 있더라도 관계와 소통이 원활하지 않으면 무용지물일 뿐입니다. 그러니 팀원들 간의 관계가 어떤지 끊임없이 파악하고 고민해야 합니다.

바쁜 사람들을 위한 요약

조직 내 협업을 위해 꼼꼼하게 업무 일지를 작성하고, 중요한 이슈나 정보는 회의 전 미리 공유합니다. 상호 간 신뢰를 위해서 겉도는 사람들에게 먼저 손을 내밀어 관계를 개선하는 것 또한 중요합니다.

3장

90학번과 09학번이 잘 지내는 방법

내가 꼰댄가?

: 밀레니얼 세대, Z세대와 대화하기

Q.

제 직장은 IT 회사라 유독 젊은 신세대들이 많습니다. 요즘 말로는 밀레니얼 세대, Z세대, 90년대생이라고 한다는데, 일을 하는 방식이나 대화할 때 이해되지 않는 것이 많습니다. 하지만 앞으로 신입 사원은 계속 들어올 것이고 언젠가 그들이 회사의 주역이 될 텐데, 제가 시대에 뒤떨어지는 꼰대가 되고 있는 것은 아닌지 걱정됩니다. 그들을 어떻게 이해해야 할까요?

"오 과장, 이번에 들어온 신입 사원 문신한 거 봤어요? 겨울에 입사해서 몰랐는데 반팔 입은 모습을 보니 팔에 문신이 있던데……. 이거 문제 있는 거 아니에요?"

"이사님, 저도 좀 불편하긴 하지만 요즘 젊은 친구들은 문신을 많이 해서요. 개인의 취향이라서 지적하기가 어려울 것 같습니다. 문신 지우라고 말하면 사생활 침해라고 반발할 겁니다. 지난번에도 비슷한 일이 있었거든요."

"세상이 정말 달라져도 너무 달라졌어요. 나 때는 문신은 생각도 하지 못했는데 말이에요. 쯧쯧."

이 문제, 어떻게 해결하면 좋을까?

한 설문 결과에 따르면 '직장 내 세대 차이가 있는가'라는 질문에 직급을 막론하고 92퍼센트가 '그렇다'고 대답했다고 합니다. 2020년 상공회의소의 조사 결과에 따르면 세대 차이 체감도가 50대 이상에서 67.3퍼센트, 40대에서 69.4퍼센트였고 30대에서 62.7퍼센트, 20대에서 52.9퍼센트로 드러났습니다. 모든 나이대에서 세대 차이에 대체로 공감하고 있는 것입니다. 다만 윗세대는 세대 차이가 크다고 인식은 하지만, '세대 차이가 업무적으로 부정적인 결과를 가져온다'는 질문에 긍정한 비율은 상대적으로 낮았습니다.

이 통계를 보면 20대인 Z세대들에게 세대 갈등은 매우 크게 다가올 수밖에 없습니다. 신세대들은 세대 차이를 많이 느끼며 그에 따른 업무적 어려움도 있다고 생각하지만, 기성세대들은 세대 차이를 인식하기는 하지만 업무적으로는 크게 개의치 않으니까요.

그런데 왜 기성세대들은 신세대들에게 세대 차이를 느낄까요? 시대 상황이 급격하게 바뀌고 있고, 그에 따라 IT 기술도 엄청나게 발전하고 있습니다. 특히 요즘 아이들은 태어나는 순간부터 스마트폰이나 태블릿 PC 등의 디지털 기기와 함께해 왔습니다. 어릴 때부터 엄청난 정보를 습득하고 디지털 인간으로 살아가는 그들의 뇌 구조가 기성세대와 전혀 달라 유독 세대 차이가 많이 나는 것이라는 주장은 꽤 설득력이 있습니다.

그렇다면 밀레니얼 세대, Z세대는 어떻게 다를까요? 신세대를 이해하려면 먼저 전체 세대를 구분해서 그들이 살아온 정치, 경제, 사회, 문화적 환경들을 확인해 볼 필요가 있습니다. 세대별로 연령이 명확히 구분되지 않고 오히려 겹치는 경향이 있으니 참고하면 좋습니다.

1. 기성세대: 베이비 붐 세대

1950~60년대 태어난 세대를 말합니다. 전쟁 직후 가난한 환경에서 자랐으며 열심히 노력해서 경제 성장을 이뤄냈다는 자부심이 큽니다. 유교적이고 보수적인 사고 방식을 가지고 있어 다음 세대들이 베이비 붐 세대를 가리켜 시대의 변화에 적응하는 데 서툴다고 걱정하기도 합니다. 이 세대 사람들은 현재 대부분 은퇴했으며, 국내에서는 실버를 대표하는 세대이지만 '아직 젊다'는 마인드를 가지고 여러 분야에서 다양한 활동을 하고 있는 에너지 넘치는 세대로 인식됩니다.

2. 기성세대: 386세대

1960년대에 태어나 1980년대에 20대를 보낸 세대로서 민주화 시절을 겪은 세대입니다. 윗세대에 대한 강한 비판 의식을 가지고 있습니다. 민주화 운동을 통해 자신들이 세상을 변화시켰다는 신념이 있으며, 정치·경제권에서 주도적인 역할을 하고 있습니다. 다소 일관성 없는 리더십을 발휘하긴 하지만 주요 기업들의 CEO 등 핵심 리더 역할 또한 해내고 있습니다. 베이비 붐 세대와 차별화를 꿈꾸지만 윗사람을 공경하고 잘 모셔야 한다는 의식도 남아 있어 보수적인 생각에서 완전히 빠져나오지 못한 세대입니다.

3. 기성세대: X세대(영포티Young forty , 낀세대)

1960년대 후반에서 1970년대에 태어난 세대로 스스로를 기성세대와는 다르다고 생각하며, 독특한 것에 관심이 많고 개성 있는 삶을 살고자 했습니다. 부모의 경제적인 풍요로움이 이들의 자유로운 사고에 기여했습니다. 이 세대가 등장한 시기에는 자신의 성공이 가장 중요한 자기중심적 사고와 문화가 확대되기 시작했고, 서태지의 〈난 알아요〉와 같은 힙합 문화도 인기를 얻었습니다. 그러나 IMF 사태를 겪으면서 사고방식이 합리적이고 안정적인 방향으로 바뀌었습니다. 조직에서 주로 팀장 역할을 맡고 있으며, 밀레니얼 세대, Z세대와 실무를 함께하는 리더로서 일하고 있습니다.

4. 신세대: 밀레니얼 세대(Y세대, 그린세대, 글로벌 세대)

1980년대 이후에 태어나 20대를 2000년대 초에 보낸 세대입니다. 스마트폰이나 태블릿 PC 같은 디지털 기기가 생활화되어 있고 SNS 활동이 매우 활발합니다. 출산율이 줄어들어 '나 하나면 돼'라는 인식이 팽배한 세대입니다. 비교적 민주적인 사회 분위기 속에서 성장했고, 행복을 추구하며 다양성을 존중하는 데 관심이 많습니다. 자신이 하고 싶어 하는 일에 충실해 원하는 일이라면 고리타분한 자리는 버릴 수 있을 정도로 열정적입니다. 자기중심적인 태도로 세상을 바라보고, 개인주의적인 삶을 추구합니다. 30대 실무자들이 이 세대에 해당되며, 우리나라에서는 1990년대 이후에 태어난 90년대생을 밀레니얼 세대와 나누어 구별하기도 합니다.

5. 신세대: Z세대

1995년 이후에 태어난 세대입니다. 태어날 때부터 디지털을 안고 살아가는 세대라고 해서 '디지털 네이티브'라고 부르기도 합니다. 소위 90년대생에 속하며, 현재 조직의 신입 사원 대부분이 Z세대입니다. 밀레니얼 세대보다 더 적극적으로 자신을 표현하고 자신에게 중요한 것을 최우선 순위로 두는 세대입니다. 저출산 시대에 태어났고 혼자서 부모의 지극한 사랑을 독차지했기 때문에 칭찬에 대한 욕구가 강합니다. 디지털 세대답게 디지털 기기, SNS, 게임 등이 삶의 많은 부분을 차지하고 있으며 개성을 침해당하면 참지 못하는 독립적인 사고방식을 가지고 있습니다.

각 세대들이 어떤 환경에서 성장했으며 어떤 특징을 가지고 있는지 알게 되면 이해의 폭이 커지게 됩니다. "나 때는 말이지" 같은 꼰대적 사고를 가지고 있는 한 밀레니얼 세대, Z세대와의 소통은 어려워질 수밖에 없습니다. 세대 간의 다름을 이해하려는 마음을 갖고, 어떻게 하면 새로운 세대들과 좋은 관계를 맺으며 소통할 수 있을지 고민하는 것이 기성세대에게 필요한 마음입니다.

바쁜 사람들을 위한 요약

Z세대들은 어릴 때부터 스마트폰이나 태블릿 PC 등 디지털 기기와 함께 성장했습니다. 디지털 인간으로 태어난 그들의 뇌 구조가 기성세대와 다른 것은 어쩌면 당연할지도 모릅니다.

워라밸이 제일 중요하다구요

: 밀레니얼 세대, Z세대가 생각하는 일의 의미와 가치

Q.

조직 문화가 비교적 보수적인 제조업체에 다니고 있습니다. 이번에 저희 팀에 신입 사원이 들어왔습니다. 스펙도 좋고 인턴 경력도 있어 기대를 많이 했습니다. 역시 일은 잘하더군요. 그런데 근퇴가 너무 확실합니다. 6시가 퇴근 시간인데 6시 10분만 되면 바로 퇴근을 합니다. 정부의 52시간 정책도 있고 워라밸 문화가 확산되고 있어서 다들 예전보다 빨리 퇴근하기는 하지만, 이렇게 칼퇴근을 하는 사람은 없거든요. 선배들도 퇴근

> 하지 않았는데 매번 칼퇴근을 하는 게 불편하다고 하니까 당돌하게 자신은 틀리지 않았다는 겁니다. 틀린 말은 아니지만, 제 마음이 계속 불편하다는 게 문제입니다. 어떻게 해야 할까요?

"박 사원, 잠시 미팅 좀 합시다. 처음 출근한 이후로 박 사원을 계속 지켜봤는데, 오늘은 한마디 해야 할 것 같아서요."

"넵, 임 차장님. 제가 무슨 잘못이라도 했는지……."

"아뇨, 그런 것은 아니고요. 신입이지만 업무 습득 능력도 뛰어나고 열정도 있어 보여 좋습니다. 그런데 매번 칼퇴근을 하더군요. 선배들이 다 일하고 있는데도 6시 조금 넘으면 퇴근하는 것 같은데, 집에 무슨 급한 일이 있나요?"

"우리 회사 퇴근 시간이 6시 아닌가요? 저는 나름 눈치를 보면서 10분 늦게 퇴근한 것입니다. 제가 할 일은 다 끝냈고, 특별히 할 일도 없는데 자리에 앉아 있는 게 무의미하다고 생각해서요. 한번은 선배님들이 퇴근할 때까지 기다려 봤는데, 어떤 선배는 8시가 되어서야 퇴근하셔서 그냥 회사 규정대로 하는 게 맞겠다 싶어서 제시간에 퇴근하고 있습니다."

"억지로 늦게까지 있을 필요는 없지만, 그래도 센스 있게 30분이나 1시간 정도 더 있다 가도 되지 않나요? 내가 사원일 때는 그런 것이 당연했어서인지 박 사원의 행동이 좀 불편하네요."

"차장님, 할 일도 없는데 선배들 불편하다고 그냥 자리에 앉아 있는 것이 전 더 나쁘다고 생각합니다. 일이 다 끝난 사람은 먼저 퇴근하고, 더 일할 사람은 남아서 하는 게 낫지 않나요? 상사들의 감정을 상하게 하고 싶지는 않지만, 일도 없는데 그냥 멍하니 앉아 있는 것은 정말 아니라고 생각합니다. 시간 낭비로만 느껴집니다."

"내 말은 그런 의미가 아니라……. 요즘 신입들은 다 박 사원처럼 생각하나요?"

이 문제, 어떻게 해결하면 좋을까?

신세대 신입 사원의 행동 때문에 고민하는 기성세대 상사들이 많습니다. 자신과는 너무나 다른 사고방식을 가지고 있어 충격적이라고 생각하기도 하고 때로는 불편함을 느끼기도 할 것입니다. 이럴 때 상사는 자신의 영향력을 이용해 신입 사원의 행동이나 태도를 지적하기도 합니다. 하지만 자신의 생각과 맞지 않는다고 무조건 지적하기보다는 왜 그들이 그렇게 행동하게 되었는지 그 배경을 이해하는 것이 더 중요합니다.

밀레니얼 세대와 Z세대를 나타내는 키워드 중에는 '불안'이 있습니다. 기성세대보다 풍요로운 삶을 살았고 좋은 교육도 받았지만, IMF를 겪으면서 부모 세대가 직장을 잃고 어려움을 겪는 것을 지켜본 그들은 '영원한 직장은 없다'는 인식을 가지게 되었습니다.

빠르게 변화하는 시대, 경쟁이 더욱 치열해지면서 직장 문은 더 좁아졌습니다. 열심히 스펙을 쌓아도 원하는 회사에 들어가기가 쉽지 않아졌고, 안정적인 직장을 찾기 위해 소중한 청춘을 공무원 시험에 바치기도 합니다. 물가는 오르고 집값도 천정부지로 치솟는 현실 속에서 밀레니얼 세대와 Z세대 들은 이제 안정적이고 성공적인 삶을 살기 힘든 세상이 되었음을 인식하고 있습니다.

모 리서치 조사에서 물어본 '내가 부모보다 더 잘살 것 같은가'라는 질문에 대한 20대, 30대의 대답이 이 세대들의 참담한 현실을 보여줍니다. 50대는 52.5퍼센트가 '그렇다'라고 대답한 반면 20대는 8.9퍼센트, 30대는 14퍼센트만이 '그렇다'라고 응답했습니다. 이러한 불안감이 그들을 더욱 개인주의적으로 만들고, 나를 보호할 사람은 나밖에 없다고 생각하는 경향성을 갖는 데 일조한 것입니다.

모 대기업의 설문 조사에 따르면, 기성세대는 직장 생활에서 가장 중요하다고 생각하는 3가지를 회사의 발전, 일과 삶의 균형, 경제적 보상 순으로 선택했습니다. 반면 신세대는 1위가 일과 삶의 균형, 2위 경제적 보상, 3위 좋아하는 일이었습니다.

기성세대가 1위로 뽑은 회사의 발전은 신세대에게는 중요하지 않은 문제입니다. 그들이 가장 원하는 것은 '워라밸'이죠. 3위가 좋아하는 일인 이유는 이왕이면 일이 재미있어야 한다는 의미입니다. 아무리 연봉을 많이 주고 복지가 좋더라도, 일에 흥미가 생기지 않으면 언제라도 그만둘 수 있다는 소립니다. 자신과 맞지 않는 직무라도 생계를 위해서 열심히 일했던 기성세대와 반대의 양상을 보입니다. 입사 경쟁이 치열하고 연봉 조건도 좋은 대기업의 1년 이내 신입 사원 퇴사율이 20퍼센트 정도라고 합니다. 누구나 가고 싶어 하는 회사인데 왜 이렇게 퇴사율이 높을까요? 일이 자신의 생각과 달라 흥미가 없어졌기 때문입니다. 이처럼 아무리 좋은 조건이라도 자신과 맞지 않는다고 생각하면 회사를 그만두는 것이 신세대입니다.

'언제 자신이 하는 일에 보람을 느끼는가'에 대한 설문에서도 확연한 세대 차이를 엿볼 수 있습니다. 기성세대들은 자신의 업무 결과가 고객 및 사회에 좋은 영향을 미칠 때를 1위로 꼽았습니다. 2위는 조직의 성과에 기여했다고 느낄 때, 3위는 일을 통해 스스로 성장했다고 느낄 때였습니다. 반면 신세대들이 뽑은 1위는 일을 통해 스스로 성장했다고 느낄 때였습니다. 하는 일이 즐거울 때, 상사나 주변의 칭찬과 인정을 받을 때가 각각 2위와 3위를 차지했습니다.

신세대는 자신이 성장하지 않으면 일에 보람을 느끼지 못합니다. 매일 비슷한 일을 하는데 그 일에 전혀 흥미가 생기지 않는다면 앞에서 말했듯이 아예 퇴사를 해 버립니다. 일을 단순히 생계 수단으로만 생각하지 않기 때문입니다. 누군가에게 도움이 되거나 조직 성과에 기여했을 때 보람을 느끼는 기성세대와는 관점 자체가 다릅니다. 따라서 기성세대가 자신들의 관점에서만 신세대를 바라보면 갈등을 해결하기 어렵습니다.

밀레니얼 세대와 Z세대의 특징을 바탕으로 사례를 다시 생각해 보면 워라밸을 위해 칼퇴근하는 임 사원은 이상하고 당돌한 직원이 아닙니다. 상사의 입장에서 알아서 센스 있게 행동해주면 좋겠다고 생각은 할 수 있지만, 자신이 불편하다고 해서 살아온 환경과 사고방식이 다른 신입 사원에게 무조건적으로 과거의 조직 문화를 강요하는 것은 큰 문제가 될 수 있습니다. "요즘 애들은 다 그래"라고 쓴웃음만 짓지 말고 신세대들의 관점을 존중해주어야 합니다.

바쁜 사람들을 위한 요약

밀레니얼 세대와 Z세대는 자신이 성장하지 않으면 일에 보람을 느끼지 못합니다. 일을 단순히 생계 수단으로만 생각하지 않기 때문입니다. 이들의 일에 대한 가치와 생각이 기성세대와는 많이 다르다는 것을 인정해야 합니다.

나 때랑 업무 방식이 많이 다르네

: 밀레니얼 세대, Z세대가 일하는 방식과 특징

Q.

이번에 처음으로 팀장이 되었습니다. 엔지니어로만 일하다가 갑자기 팀장이 되니 부담도 되고 걱정이 앞섭니다. 팀원들은 거의 Z세대들입니다. 세대 차이가 너무 나서 어떻게 함께 일을 해야 할지 고민입니다. 그들이 원하는 업무 방식과 특성을 자세하게 알고 싶습니다.

"박 매니저님, 지난주 회의 때 지시한 업무 보고 좀 해주세요."

팀장님! 메신저로 자료 파일 보내겠습니다.

인쇄해서 주세요. 자세히 확인해야 하니까요.

오타도 좀 봐야 하고.

파일 다운로드하셔서 직접 인쇄하시면 됩니다~.

아, 그렇군요. 그렇게 할게요.

'나 때는 인쇄해 달라고 하면 바로 인쇄해서 가져다드렸는데…….'

이 문제, 어떻게 해결하면 좋을까?

과거에는 상사가 시키는 대로 일을 처리하거나 부하 직원이 상사를 알아서 챙겨주는 수직적인 분위기가 일반적이었습니다. 그러나 신세대들은 경직된 문화를 거부합니다. 밀레니얼 세대, Z세대를 규정하는 특징들을 크게 7가지로 정리해 볼 수 있습니다.

1. 과거와 지금을 비교하는 일을 싫어합니다.

"옛날에는 이렇게 했는데 말이지. 요즘 젊은 친구들은 왜 그런 거지?"라는 말을 하는 순간 꼰대로 평가받습니다. 과거는 과거일 뿐입니다. 신세대들은 상사의 경험을 알 수도 없지만, 알고 싶어 하지도 않습니다.

과거의 방식이 틀렸다는 말이 아닙니다. 더 합리적이고 옳은 부분도 있습니다. 그러나 Z세대들에게 "나 때는 말이야"라고 말하는 순간, 이들은 강요당한다는 느낌을 받습니다. 일을 하러 왔지 상사의 과거 이야기를 들으러 회사에 온 것이 아니니까요.

상사는 과거에 자신들이 겪은 일들에 대한 보상 심리가 있어 아랫사람이 깍듯하게 대해주고 존중해주기를 원합니다. 그러나 Z세대들은 그런 생각을 잘 이해하지 못합니다. 그래서 부당하다고 생각하는 지시를 거부하기도 하고, 강요당한다는 생각이 들면 공개적으로 그 사실을 공유하기도 합니다. 그러니 상사는 그들에게 무작정 과거 방식을 강요하지 않도록 노력할 필요가 있습니다.

2. 형식적인 업무 처리 방식을 거부합니다.

신세대들은 합리적이고 생산성 있는 방식으로 일하고 싶어 합니다. 형식이나 절차에 과도하게 집착하거나 복잡한 프로세스 때문에 일이 지연되는 것을 이해하지 못합니다. 물론 조직은 다양한 업무 프로세스를 갖고 있어야 하며, 때로는 비합리적인 절차가 있을 수 있지만, Z세대들이 이런 것에 대한 거부감이 크다는 사실 또한 인지하고 있어야 합니다. 형식적인 것은 걷어치우고, 실질적이고 효과적인 제도나 프로세스를 만들어 가는 것이 Z세대들이 일하는 방식이니까요.

3. 워라밸을 존중받고 싶어 합니다.

과거 조직에서 야근이 많았던 이유는 대부분 조직 문화 차원에서 기성세대들이 야근을 습관적으로 했기 때문입니다. 야근을 많이 해야 일을 잘하는 사람으로 평가받았고, 칼퇴근을 하면 일을 적게 한다고 생각했습니다. 상사보다 먼저 퇴근하는 직원들은 예의가 없다는 소리를 들었습니다. 자기 일이 다 끝나도 상사가 퇴근할 때까지 기다려야 하니 자연스럽게 일을 천천히 하게 되었습니다. 어차피 야근은 해야 하니, 일을 뒤로 미뤘던 것입니다. 저녁이 되어서야 밀린 일을 처리하기 시작했고, 상사들도 늦게까지 일을 하니 열심히 일한다고 생각했겠죠. 이런 문화가 꽤 오랫동안 이어졌습니다.

신세대들은 생산성이 떨어지는 이런 업무 방식을 좋아하지 않습니다. 근무시간에 최대한 집중해서 일하고, 빨리 퇴근해서 자신만의 시간을 갖는 것이 중요하기 때문입니다. 일이 많아서 부득이하게 야근을 하는 것이 아니라면 업무 시간에 최대한 몰입해서 일한 후, 빠르게 퇴근하려 합니다.

4. 사생활을 지켜주기를 원합니다.

과거에는 사생활과 조직 생활의 구분이 거의 없었습니다. 개인의 사생활을 공유하고, 이에 대해 서로 묻는 것이 자연스러웠습니다. 때문에 개인적인 이야기를 하고 싶지 않더라도 강제로 공개해야 하는 경우가 많았습니다. 그러나 신세대들은 사생활에 민감합니다. "결혼은 왜 안 하느냐" "지난 주말에 뭐했냐" "남자친구는 있느냐" 등과 같은 사적인 질문을 받으면 매우 불편해합니다. 본인이 직접 사생활을 말하지 않는 이상, 상사라 해도 사적인 질문을 하지 않는 것이 좋습니다. 부하 직원의 집에 수저가 몇 개 있나까지 알고 싶어 했던 과거와는 전혀 다른 환경임을 알아야 합니다.

5. 경험을 통해 학습하고 성장하기를 원합니다.

밀레니얼 세대와 Z세대가 조직에서 원하는 것은 '성장'입니다. 자신들의 성장을 위해서는 뭐든 아끼지 않으니까요. 따라서 상사로서 신세대들이 일을 잘할 수 있도록 이끄는 방법은 그들로 하여금 일을 통해 성장하고 있다는 느낌을 받게 하는 것입니다. 조직에서 많은 경험을 할 수 있게 해주고 경험을 통해 성장할 수 있다는 확신을 심어줄 수 있다면, 그들은 알아서 최선을 다할 것입니다.

6. 즐겁고 재미있게 일하고 싶어 합니다.

기성세대는 일을 어렵다, 고통스럽다고 생각합니다. 일은 기쁨을 주는 행위가 아니며, 힘들게 해야 좋은 성과가 나온다고 여깁니다. 그러나 신세대들은 즐겁게 일하고 싶어 합니다. 야근을 하더라도, 주말 출근을 하더라도 재미 있게 일하고 싶습니다. 즐거운 일이라면 신나게 할 수 있으니까요.

회식 때 "회사에서도 재미가 있었으면 좋겠어요"라고 한 신입 사원에게 고참 부장이 이렇게 말했다고 합니다. "즐거움은 돈을 내고 찾아. 회사는 돈을 받고 일하러 오는 곳이야. 여기에서 즐거움을 찾는 게 말이 되냐?"

신입 사원은 회사에서 놀고 싶다는 뜻으로 이런 말을 한 것이 아닙니다. 어차피 할 일이라면 즐겁게 하고 싶다는 의미였죠. '열심히 하는 사람은 즐기는 사람을 이길 수 없다'는 말이 있습니다. 돈을 벌기 위해 일을 한다 해도, 그 안에서 의미와 가치를 찾고 재미까지 얻는다면 더 효과적으로 업무를 할 수 있습니다. IT 기업이나 스타트업에서 직원들에게 다양한 복지 혜택을 주고 즐거운 조직 문화를 만들려고 노력하는 이유를 여기서 찾을 수 있습니다.

7. '꼰대 선배'를 거부합니다.

'꼰대'는 자신의 경험이나 생각이 무조건 옳다는 사고를 가진 어른이나 선생님을 비하하는 말로, 학생들 사이에 주로 유행하는 은어입니다. 조직에서는 자신의 생각만을 강요하는 윗사람의 태도를 두고 보통 '꼰대질을 한다'고 표현합니다. 물론 나이가 많은 사람들을 모두 꼰대로 일반화해서는 안 됩니다. 젊은 꼰대들도 많으니까요. 통계적으로 20퍼센트 정도가 젊은 꼰대라고 합니다.

꼰대가 자신의 생각이 모두 옳다고 강요하는 데서 고통이 시작됩니다. 자신의 과거 성공 경험이 지금까지도 모두 옳을 것이라고 생각하는 선배를 새로운 세상을 살고 있는 밀레니얼 세대와 Z세대는 전혀 이해하지 못합니다. 시대도, 사고도 행동 방식도 달라졌으니까요.

요즘 유행하고 있는 '젊은 꼰대'는 다짜고짜 타인의 태도와 말투를 지적하거나 지나치게 독불장군인 사람, 지위, 인맥, 학벌, 재산 등을 자랑하며 그렇지 못한 사람들에게 충고와 지적을 하는 사람, 사생활을 캐묻고 마음대로 조언하는 사람, 짧은 조직 경험을 가지고 사회 생활을 모두 아는 것처럼 구는 사람입니다. 이들은 기성세대들의 행동을 그대로 배워 자신이 당한 것을 후배들에게 그대로 되갚아주려는 심리를 가지고 있습니다.

사례처럼 새로 팀장이 된 리더들은 신세대들에게 어떻게 리더십을 발휘해야 할지 부단히 고민해야 합니다. 무엇보다도 그들이 대체적으로 위와 같은 경향성을 가지고 있음을 인식하고 있어야 합니다. 구세대와 신세대의 조화를 이뤄낼 방법을 고민하면서, 얻어낼 수 있는 것과 포기할 것을 정확히 판단할 수 있는 상사가 되어야 합니다.

바쁜 사람들을 위한 요약

과거에는 시키는 대로 일을 처리하고 상사를 알아서 챙겨주는 수직적인 문화가 일반적이었습니다. 그러나 신세대들은 이런 문화를 거부합니다. 밀레니얼 세대, Z세대의 일에 대한 태도와 특징을 잘 파악하여 효과적으로 함께 일할 수 있는 방법을 끊임없이 고민해야 합니다.

꼰대스럽지 않게 알려주고 싶다!

: Z세대와 수월하게 일할 수 있는 코칭의 기술

Q.

밀레니얼 세대와 Z세대 들의 특징을 나름 잘 알고 있다고 생각합니다. 나와 신세대들이 다름을 인정하는 것이 가장 중요하다고 해서 그 부분도 많이 고민하고 있습니다. 그들과 어떻게 관계를 맺고 소통해야 하는지 구체적인 방법을 알고 싶습니다.

"임 팀장님, 이번에 들어온 신입 사원 어떤 것 같으세요?"

"잘 적응하고는 있는데, 과거 신입 사원들과는 좀 다른 것 같긴 해요. 스펙도 좋고 똑똑한데 왠지 정이 안 간다고 해야 할까요?"

"그렇죠. 딱히 지적할 것은 없는데 자기 일이 끝나면 인사만 하고 바로 퇴근해 버리니……."

"요즘 상사들이 신입 사원들에게 신경을 많이 쓰는 것 같아요. 지난번에 밀레니얼 리더십 교육도 받았잖아요. 시간이 지나면 그들이 세상의 주인공이 될 테니 잘 성장할 수 있게 코칭하면서 도와주는 것이 우리들의 책임이겠죠."

"그 코칭 방법 말인데요, 더 효과적으로 할 수 있지 않을까요?"

이 문제, 어떻게 해결하면 좋을까?

신입 사원이 들어오면 조직에는 생기가 돕니다. 후배가 들어왔다는 기쁨과 함께 생동감 있는 에너지가 느껴지기 때문입니다. 신입 사원의 대부분을 차지하는 Z세대들은 과거의 신입 사원들과 여러 면에서 다르므로, 선배로서 적절하고 구체적인 원칙과 기준을 갖고 코칭을 하는 것이 좋습니다.

과거에는 신입 사원들에게 회사에 대한 주인 의식을 강조했습니다. "너희가 사장은 아니지만, 사장처럼 일하면 성공한다"

는 말을 흔하게 했죠. 하지만 이것은 논리적으로 맞지 않는 말입니다. 사장이 아닌데 사장처럼 일하는 것이 가능할까요? 이런 말은 강압적인 요구에 불과합니다. Z세대들에게는 지금 하는 일의 중요성을 강조하면서 이 업무를 잘 해내면 나중에 원하는 분야의 전문가로 성장할 수 있다고 말해줘야 합니다. 조직의 성과나 성장이 아닌, 개인의 성장에 초점을 맞춰야 하는 것입니다.

과거에는 밥 잘 사주고 인간적으로 대해주는 상사를 좋아했지만, 지금은 까칠하게 대하더라도 일을 잘 알려주고 내가 성장할 수 있도록 도와주는 선배들을 더 좋아합니다. 막연하게 '잘 해주고 인간적으로 가까이 가면 되겠지' 같은 생각은 더 이상 통하지 않습니다. 그렇다면 어떻게 해야 Z세대들과 가까워지면서 업무적으로도 성과를 내는 관계를 맺을 수 있을까요?

1. Z세대들의 언어에 익숙해져야 합니다.

흔히 신조어라고 하는, 신세대들이 주로 쓰는 언어들이 있습니다. 온라인 상에서 주로 사용하지만 오프라인에서도 흔히 사용하므로 신조어에 친숙해지는 것이 중요합니다. 리더들을 대상으로 하는 강의에서 신조어 퀴즈를 내면 2개 이상 맞추는 사람이 많지 않습니다. 그만큼 상사들이 신조어에 둔감하다는 의미입니다.

사실 신조어를 몰라도 업무에 문제가 되지는 않습니다. 조직에서는 리더의 영향력이 더 크니까요. 그러나 신세대와 친밀해지고 싶다면 상대방이 쓰는 언어에도 관심을 갖는 것이 좋습니다.

점심 식사 시간에 대화하다 신입 사원이 "제가 너무 TMI를 남발했죠"라고 했을 때 부장이 "그게 무슨 말인가?" 하면 신입 사원은 거리감을 느낄 것입니다. TMIToo Much Information 같은 경우 이미 대중적으로 많이 쓰이는 단어인데도 모르는 사람들이 많습니다. 갑분싸(갑자기 분위기 싸해짐), JMT(진짜 맛있는 음식), 마상(마음의 상처)와 같은 신조어들은 많이 사용되므로 기본적으로 알고 있어야 합니다.

2. 긍정적인 소통을 해야 합니다.

Z세대는 칭찬에 매우 익숙하고, 칭찬을 들었을 때 더 잘 일할 수 있습니다. 그러니 타인과 비교하면서 일을 잘하라고 피드백을 주기보다는 상황을 있는 그대로 받아들이고, 충분히 공감하면서 해결책을 협의하는 것이 좋습니다. 올바른 대화는 긍정적인 접근에서 시작되니까요. 이것을 'YES 커뮤니케이션'이

라고 부릅니다.

물론 잘못했을 때는 질책이 필요합니다. 하지만 질책을 할 때도 사실 중심으로 명확하게 하고, 이번 잘못이 성장에 도움이 될 수 있도록 긍정적인 피드백을 해주는 것이 좋습니다. 인간은 감정의 동물이기 때문에 질책을 듣고 화가 나면 감정이 상하게 되고, 오히려 지적한 상대를 비난할 수 있습니다. 그러니 질책을 할 때는 감정을 조절하고 다양한 커뮤니케이션 스킬들을 활용할 수 있어야 합니다.

3. 수평적인 소통을 합니다.

Z세대들은 수직적인 조직 문화에서 발언을 자유롭게 하지 못하는 것을 가장 불편해합니다. 따라서 어떤 상황에서도 자신의 생각을 자유롭게 말할 수 있는 기회를 제공하고, 조직 문화를 수평적으로 만드는 것이 중요합니다.

최근 스타트업이 인기를 얻는 이유는 이들의 기업 문화가 수평적이기 때문입니다. 특히 유명 핀테크 기업 '비바리퍼블리카'에서 시도한, 신뢰와 소통을 기반으로 부하 직원에게 권한을 완전 위임하는 책임 문화는 Z세대들에게 굉장히 매력적인 조직 문화입니다. 리더가 거부한 사안이라도 실무자가 맞다고 생각하면 실무자의 책임 하에 일을 추진할 수 있습니다. 설령 실패했다고 해도 괜찮습니다. 그때는 '실패 파티'를 열어서 좌절하지 않고 다시 도전할 수 있는 기회와 힘을 줍니다. 이런 문화는 수평적인 소통을 원하는 신세대들에게는 큰 이점이 될 수 있습니다.

4. 일에 대한 의미와 가치를 찾게 해주어야 합니다.

무조건 열심히 일하는 시대는 끝났습니다. 앞에서 말했듯이 Z세대들은 일을 할 때 이것을 내가 왜 해야 하는지, 어떤 의미에서 이 일이 나에게 가치 있는지를 먼저 생각합니다. 따라서 사소한 일이라고 해도 가치를 느낄 수 있도록 상사가 도움을 주어야 합니다.

최근 잡 크래프팅Job crafting에 대한 관심이 높아지는 이유도 이 때문입니다. 직무 만들기, 직무 재창조를 의미하는 잡 크래프팅은 자신이 하는 일을 변화시켜 더욱 의미 있게 만드는 일련의 활동이라 할 수 있습니다. 잡 크래프팅의 최종 목표는 잡 크래프터가 되어 자기 주도적으로 업무를 수행하는 것입니다.

Z세대들은 일에 대한 의미와 가치를 깨달으면 알아서 동기부여를 합니다. 그러니 단순 복사를 시킬 때도 "회의를 해야 하니까 보고서 10부 복사해서 가져오세요"라고 말하기보다는 "이번 회의가 무척 중요한데, 이 보고서에 핵심적인 내용이 담

겨 있어요. 그래서 회의에 참석하는 10명 모두 보고서를 봤으면 해요. 오 사원님이 그 자료를 복사해서 가져와주면 회의하는 데 도움이 많이 될 것 같아요"라고 하면 일에 임하는 자세가 달라질 것입니다.

이처럼 사람들은 기본적으로 자신이 존중받고 인정받을 때 일에 대한 보람을 더 크게 느낍니다. 또한 하는 일의 의미가 커지면 그 일에 더 몰입하게 됩니다.

5. 그들의 고충을 수시로 들어주고 공감해주어야 합니다.

자신의 의견을 자유롭게 말하고 싶어 하는 Z세대들의 어려움을 잘 들어주어야 할 필요가 있습니다. 무엇을 원하고 있는지, 힘든 일은 없는지 끊임없이 질문하고 공감해주어야 합니다. 그들의 입장을 이해하는 것만으로도 큰 신뢰를 얻을 수 있습니다. 수시로 대화하고 피드백하는 문화가 조성되어 있다면, Z세대들과의 소통이 어렵지 않을 것입니다.

6. 성장을 위한 피드백이 중요합니다.

건설적 피드백은 Z세대들과 일을 할 때 가장 중요한 요소입니다. 이때 솔직한 피드백을 해야 합니다. Z세대들은 성장 욕구가 강하기 때문에 직설적이더라도 진실된 이야기를 듣고 싶어 합니다. 배려한다고 돌려서 말하거나 사실을 왜곡한다면 오히려 실망할 수 있습니다. 잘못한 부분과 앞으로 개선해야 할 점에 대해 감정을 섞지 않고 사실을 기반으로 피드백해주면 적극적으로 변화하려고 할 것입니다.

적시에 하는 빠른 피드백 역시 중요합니다. 비행기를 운행할 때 보통 자동 항법 장치를 사용하는데, 가야 할 목적지에서 1도만 어긋나게 입력해도 나중에는 전혀 다른 곳으로 가게 된다고 합니다. 이처럼 처음에는 차이가 크지 않아 보이나 오랜 시간이 지나면 문제가 걷잡을 수 없이 커지기 때문에, 이를 막기 위해 속도감 있게 피드백해야 합니다.

또 구체적인 피드백을 해야 합니다. 사실을 기반으로 어떤 부분을 수정해야 하는지 세세하게 알려줘야 합니다. 부하 직원이 보고서를 가져왔는데 "이게 보고서인가요? 제대로 해서 다시 가져오세요"라고만 말하면 상대방은 무엇이 잘못된 것인지 알 수 없습니다. 보고서의 어떤 부분이 문제고, 무엇을 수정해야 하는지 구체적으로 설명해줘야 실수 없이 다음 단계로 넘어갈 수 있습니다. 물론 상사들은 부하 직원이 알아서 하기를 바라겠지만, Z세대들은 누군가에게 가르침을 받고 그에 맞춰 문제를 수정하는 방식으로 학습해 왔습니다. 이것이 구체적인 피드백이 필요한 이유입니다.

넷플릭스의 전 CTO 패티 메코드는 "회사는 프로 스포츠팀이지 놀이터가 아니다"라고 말했습니다. 프로들이 모여 프로페셔널하게 일하는 곳이 훌륭한 조직이라는 의미입니다. 솔직하고 빠르면서 구체적으로 피드백하는 문화를 만들면 좋은 조직이 될 수 있습니다. 이것만 잘 지켜져도 많은 어려움이 사라지고 Z세대들은 자신이 원하는 업무 환경에서 성장할 기회를 얻을 수 있을 테니까요.

바쁜 사람들을 위한 요약

Z세대들에게 업무 코칭을 할 때는 개인의 성장에 초점을 맞춰야 합니다. 막연하게 '잘해주고 인간적으로 다가가면 되겠지' 하는 생각은 더 이상 통하지 않습니다. Z세대들을 위한 6가지 코칭법을 통해 그들과 더 가까워질 수 있도록 연습해 보세요.

부장님이랑 과장님 또 싸웠나 봐

: 상사들 사이에서 슬기롭게 일하는 방법

Q.

인사팀 부장님과 과장님의 관계가 썩 좋지 않아 특별한 일이 아니면 서로 대화도 하지 않습니다. 그러다 보니 업무 보고도 따로 하는 경우가 많습니다. 과장님께 1차 보고 후 부장님께 2차 보고를 해야 하는데, 서로 의견이 맞지 않을 때면 참 난감합니다. 부장님의 지시에 따라야 하지만, 옆에서 함께 일하는 과장님의 눈치를 안 볼 수도 없습니다. 이 상황을 어떻게 해결해야 할까요?

"임 대리, 어제 나한테 보고했던 인센티브 개선 방안 수정 다 했어요?"

"아, 오 과장님. 과장님께 보고한 후 이 부장님께 보고 드렸는데 과장님 피드백과 다른 방향으로 수정하라고 하셔서요. 두 분이 말씀하신 수정 사항을 비교 검토하고 있었습니다."

"내 피드백이 상무님이 지시한 방향과 맞는데 부장님은 왜 그렇게 지시하는지……. 알아서 하세요. 나중에 상무님한테 깨지면 알아서 처리하시겠죠."

"과장님이 부장님께 말씀드리면 어떠세요? 결국 나중에 다시 할 일이라면 지금 바로잡는 게 좋을 것 같은데요."

"내가 왜요? 난 부장님과는 어떤 말도 하기 싫으니까 알아서 하세요."

이 문제, 어떻게 해결하면 좋을까?

샌드위치처럼 상사들 사이에 끼어 있는 상황에 처하면 어떻게 해야 할까요? 수직적인 구조의 조직에서는 의외로 이런 일이 많습니다. 이럴 때는 두 사람 사이의 갈등 유형을 세밀하게 파악하고 민첩하게 조치할 수 있어야 합니다.

갈등이 오래 가지 않고 잘 해결된다면 팀이 새롭게 변화하거나 발전하는 원동력이 될 것입니다. 그러나 반대의 경우 팀의 응집력이 약화돼 구성원이 부정적인 영향을 받고, 생산성이 저하될 수도 있습니다. 그러니 사례의 경우 임 대리는 눈에 보이지 않는 갈등 요소를 잘 살펴본 후, 부장과 과장이 협업할 수 있도록 해야 합니다.

갈등의 양상은 크게 4가지로 나눠집니다.

먼저 '갈등의 증폭'은 갈등이 심해지고 해결이 어려워지는 것입니다. 원인으로는 흑백 논리에 입각한 생각과 매우 강한 승부욕을 들 수 있습니다. 자신의 논리 외에는 수용하지 않거나 힘을 과시하기 위해서 세력을 형성하는 것입니다.

'갈등의 유지'는 갈등이 정체된 상황이라고 생각하면 됩니다. 보통 해결 방안이 없거나 주변으로부터 지지를 받지 못하는 경우 이런 양상을 보입니다. 상대방에게 논리가 없어서 싸울 의지를 잃은 것일 수도 있습니다.

그 다음은 갈등이 약해지면서 해결되어가는 상태, 즉 '갈등의 감소'입니다. 상대방의 무반응, 한쪽의 일방적 양보 등이 원인입니다. 상대가 너무 완강하게 다가오거나 다른 이슈가 발생했을 때 약해지기도 합니다. 중재자가 개입하거나 대안이 발견되어 이를 수용하는 경우도 있습니다.

이전에 발생한 갈등이 원인이 되어 다른 문제도 갈등 상태에 빠지는 경우가 있습니다. 이를 '갈등의 전이'라고 합니다. 시간에 쫓기거나 제3자가 급하게 문제를 해결하려고 할 때 일어나며, 이때 일방적으로 양보를 강요하거나 힘으로 상대를 굴복시켜 갈등을 없애기도 합니다.

사례와 같은 상황에서는 먼저 갈등 양상을 정확히 파악하고, 이를 해결하기 위해서 전략을 짜고 함께 노력해야 합니다. 이 부장과 오 과장의 갈등은 유지 양상을 보이고 있습니다. 임 대리가 두 사람 사이에 끼기 전부터 이 부장은 오 과장의 새로운 아이디어들을 번번이 묵살해 왔습니다. 변화를 싫어하는 이 부장과 새로운 것을 도입하려는 오 과장의 추진력과 열정이 갈등의 이유였던 것입니다. 이런 상황이 지속되다 보니 오 과장은 의지를 잃고 꼭 필요한 업무 이야기가 아니면 이 부장과 대화를 나누지 않게 되었습니다.

변화를 싫어하는 이 부장이 오랫동안 가지고 있던 견고한 신념을 버리지 않는 한, 이 갈등은 해결하기 쉽지 않습니다. 이럴 때는 이 부장의 상사인 상무의 중재가 필요합니다. 갈등 대상들의 상사가 갈등 원인을 찾아 보고 중재하는 갈등 관리 리더십을 발휘해야 할 때인 것입니다. 더 나아가 조직에 보다 도움이 되는 전략을 정하고, 중요한 의사 결정은 그 전략 하에서 서로 협의해서 진행하는 구조를 만들어야 합니다.

개인이 스스로 변화할 수 없다면 조직이나 상사가 나서서 변화를 주도해야 합니다. 부하 직원들이 낸 의견에 상사가 피드백을 주는 것도 매우 효과적인 방법입니다.

바쁜 사람들을 위한 요약

갈등이 오래 가지 않고 잘 해결된다면 팀이 변화하고 발전하는 원동력이 됩니다. 그러나 반대의 경우 팀의 응집력이 약화돼 구성원들이 부정적인 영향을 받게 되고, 생산성이 저하될 수도 있습니다.

김 과ㅈ…… 후배님!

: 나이 많은 후배를 대하는 법

Q.

부서의 리더 역할을 맡고 있는데, 팀원 중 저보다 나이가 많은 직원이 두 명이나 있습니다. 저희 회사는 통상적으로 부하 직원에게 반말을 하는데 저보다 나이 많은 부하 직원에게 계속 반말로 지시하는 것이 옳은 행동인지 모르겠습니다. 후배들은 괜찮다고 하지만 마음이 편하지 않습니다.

“오 팀장, 작년에 승진했지? 그럼 팀장 2년 차네. 올해 나이가 마흔인가?”

“네, 맞습니다. 아직 리더로서 배워야 할 것이 많습니다. 상무님이 많이 알려주시고 도와주십시오.”

“그래야지. 김 차장은 지금 차장 4년 차지? 나이가…….”

“네, 상무님. 저는 마흔둘입니다. 차 부장님과 동갑입니다.”

“아……. 그렇군. 나이 어린 팀장하고 일하는 게 불편하지 않지? 조직에는 체계가 있는 거니, 오 팀장 잘 도와주게나.”

이 문제, 어떻게 해결하면 좋을까?

나보다 직급은 낮고 나이는 많은 직원과 일하는 것은 매우 힘든 일입니다. 우리나라처럼 나이에 민감한 문화권에서는 이런 부분이 소통에 있어 문제가 되곤 합니다. 서로 존댓말을 하는 수평적인 조직에서는 조금 낫지만, 보수적인 문화가 사라지지 않아 부하 직원에게 반말을 하는 조직이라면 더욱 불편할 것입니다. 저도 과거에 조직 생활을 했을 때 팀장이 저보다 2살 어렸는데, 제 나이를 알면서도 입사하자마자 바로 반말을 해서 감정이 상했던 적이 있습니다. 조직에 적응하기 위해 괜찮다고 말하면서 지냈지만 어색하고 좋지 않은 감정이 오랫동

안 지속되었습니다.

사람에게는 누구나 감정이 있습니다. 감정의 의미는 상당히 포괄적입니다. 기분을 느끼는 과정과 마음의 상태가 모두 포함되니까요. 감정은 사람의 생각이나 행동에 큰 영향을 미칩니다. 긍정적인 감정이 들 때는 즐겁고 행복한 기분이 배가 되지만, 부정적인 감정이 들 때는 부정적 사고가 증폭되어 심리적으로 고통을 느낄 수 있습니다.

그러니 대화를 할 때는 상대방의 감정을 잘 살펴봐야 합니다. 상사가 나이 많은 부하 직원에게 반말을 하고 함부로 대할 때 부하 직원의 감정은 어떨까요? 대부분은 부정적인 느낌, 심하게는 모욕당했다는 느낌을 받을 것입니다. 직원이 부정적인 감정을 가지고 있으면 일에 나쁜 영향을 미칩니다. 자신이 처한 환경에 불편함을 느끼고 다른 사람들을 피하거나, 일하기를 회피하거나, 비협조적으로 나올 수 있습니다. 맞는 말을 해도 듣는 입장에서 부정적으로 받아들여 대화가 되지 않을 수도 있고요.

감정은 인간에게 가장 중요한 부분 중 하나이기에 상대방의 감정을 살피는 일은 상대방에 대한 배려인 동시에 효과적으로 과업을 성취하는 데 매우 중요한 요소입니다. 그러니 사례의 경우 오 팀장은 조직 문화에 순응하기보다는 주체적으로 나이 많은 후배를 배려하는 태도를 가져야 합니다. 대화할 때 존댓말을 사용하고, 질책을 할 때도 완곡한 표현을 쓰는 것이 좋습니다.

'다른 사람들은 이럴 때 반말을 할 텐데, 왜 나만 그래야 하나?'라고 생각할 수도 있지만, 상대방에 대한 배려는 조직의 안정 및 성과와 직결됩니다. 자신의 감정을 존중받은 직원은 감사함을 느끼게 되고, 그의 긍정적인 감정이 다른 사람에게도 전달되어 활기차고 즐거운 조직이 될 수 있습니다.

감정은 전염성이 매우 강합니다. 부정적인 감정을 느끼는 사람이 있다면 옆 사람도 그것을 느끼고 어쩐지 불편해집니다. 이것이 지속되면 자연스럽게 조직 전체에 부정적인 감정이 전염됩니다. 특히 리더가 부정적인 감정을 주로 드러내는 타입이라면 그 조직은 부정적인 감정을 가진 조직으로 변하기 쉽습니다. 상대방의 감정을 이해하고 존중해주는 일, 긍정적인 감정을 가지는 일은 결과적으로 자신과 조직 모두를 위한 일임을 알아야 합니다.

바쁜 사람들을 위한 요약

감정은 일반적으로 긍정적인 감정과 부정적인 감정으로 나뉩니다. 타인을 배려하는 긍정적인 감정은 사람의 생각이나 행동, 조직의 문화와 성과에 좋은 영향을 미칩니다.

4장

슬기로운 사내 대화법

대화를 어떻게 이끌어야 할지…….

: 대화 시작 잘하는 법

Q.

저는 고객이나 동료를 처음 만나면 어떻게 행동해야 할지 모르겠고, 가까스로 이야기를 시작해도 어떤 화제로 대화를 이끌어 가야 할지 모르겠습니다. 대화를 마친 후에는 했던 말을 계속 반추하며 후회하곤 합니다. 말을 많이 하는 편이 아닌데도 실수만 한 것 같아서 갈수록 대화하기가 어려워지는 악순환에 빠지고 말았습니다. 어쩌면 좋을까요?

"김 매니저님, 오랜만에 뵈니 반갑습니다."

"아, 네. 지난번 협의했었던 단가 말인데요, 저희 회사의 기준은 이렇습니다."

"한 달만에 뵀는데 바로 업무 이야기를 하시는군요."

"아, 제가 말 주변이 없어서요. 이해해주세요."

"괜찮습니다. 그래서 그 내용이……."

이 문제, 어떻게 해결하면 좋을까?

조직 생활에서 대인 관계를 힘들어하는 사람들이 많습니다. 흔히 사람과 만나기를 좋아하고 이야기를 잘하는 사람을 사교성이 좋다고 하며, 성격기질적으로 외향적인 사람들이 대부분 여기에 속합니다. 반면 사교성이 좋지 않은 사람은 사람을 만나면 도무지 무슨 이야기를 해야 할지 모르겠고, 어떻게 행동해야 할지 막막해합니다. 성격기질적으로 내향적인 사람들이 주로 이런 행동 패턴을 보입니다.

타고난 성격기질은 바꾸기 쉽지 않으므로, 사람들이 서로 다르다는 점을 인정하는 것이 낫습니다. 사람들과 만날 때 불편함을 느끼는 것에 자책감을 갖거나 실망할 필요는 없습니다. 단, 우리는 다른 사람과 함께 생활할 수밖에 없으므로 이 부분에 대해 고민할 필요가 있겠죠. 자신이 가진 마음가짐과 더불어 자신의 태도 또한 잘 분석해 보아야 합니다. 그 후 적당한 선에서 성격기질을 조정하며 타인과 편안하게 대화하는 기술을 익혀 라포Rapport를 형성하는 것이 가장 좋은 방법입니다.

라포는 프랑스어로 '수익, 이익, 관계, 보고서'라는 의미입니다. 프로이트가 신경 분석가와 환자 사이의 관계 형성을 강조하면서 널리 알려진 개념입니다. 라포는 서로 잘 아는 상대뿐만 아니라 처음 만나는 사람에게도 적용할 수 있는, '마음의 가교' 역할을 하는 심리 기법입니다.

경영학적 관점에서 라포는 친밀감을 느끼기 시작하면서 서로 공감하고, 더 깊이 이야기할 수 있는 상태로 진입하는 것입니다. 심리학적으로는 상호 공감하는 두 사람 사이의 인간관계 또는 친밀도를 의미합니다. 쉽게 말해 마음이 서로 통하고, 무슨 일이라도 털어놓고 말할 수 있으며, 상대가 말한 것이 충분히 이해되는 관계입니다. 심리학적 의미의 라포는 경영학적 의미와 유사하면서도 사람 사이의 공감과 깊은 관계 형성에 초점을 맞추고 있습니다.

라포는 상대방을 편안하게 만들어주므로 대화를 시작할 때부터 형성해야 합니다. 라포가 형성되지 않은 대화는 결과가 좋지 않을 때가 많습니다. 서로에 대한 신뢰와 유대가 없기 때문에 서로가 윈윈하는 대화가 아니라면 상대방이 불편해하거나 일방적으로 대화를 거절할 수도 있습니다.

라포 형성을 잘 해야겠다고 마음먹었다면, 라포의 기술을 잘 익혀 활용하면 됩니다. 먼저 상대방과 대화를 할 때 눈을 마주치고 고개를 끄덕입니다. 고개를 숙이거나 다른 방향을 바라보면 상대방은 불편함을 느끼고, 자신의 이야기를 듣기 싫어한다고 오해할 수도 있습니다. 눈을 보는 것이 정 힘들다면 볼이나 이마 또는 입술 중 한 곳을 보고 이야기하는 것이 도움이 됩니다.

두 번째는 오감을 활용하여 상대방의 상태를 파악하는 것입니다. 이것을 라포 용어로 '캘리브레이션Calibration'이라고 합니다. 시각적 캘리브레이션은 얼굴 표정이나 안색, 손짓, 동공의 크기 등 눈에 보이는 부분을 통해 상대방의 상태를 파악하는 것으로, 가장 쉽고 정확한 방법입니다. 청각적 캘리브레이션은 귀에 들리는 소리를 통해 상대방을 파악하는 것입니다. 목소리, 톤, 억양, 호흡 등이 이에 해당됩니다. 감각적 캘리브레이션은 촉각과 후각을 통해 상대를 파악하는 것입니다. 악수나 포옹할 때의 느낌, 상대에게서 나는 향기, 냄새 등을 확인하면 됩니다.

그런데 우리는 보통 대화를 할 때 상대의 캘리브레이션은 확인하지 않고 내가 하고 싶은 이야기에 집중하곤 합니다. 그러면 상대방의 상태에 이야기를 맞출 수 없으므로, 의식적으로 캘리브레이션을 시도하여 상대방의 현재 감정이 어떤지, 긴장하고 있는 것은 아닌지, 유쾌하고 긍정적인지, 불쾌하고 부정적인지 꼭 파악해야 합니다. 그래야 앞으로의 행동을 결정할 수 있습니다. 라포는 결국 상대방에게 나를 맞추는 것이니까요. 캘리브레이션을 통해 라포가 형성되면 상대방의 마음이 풀어져 편하게 대화를 시작할 수 있습니다.

세 번째는 페이싱하기입니다. 페이싱은 상대방과 나의 상태를 신체적, 정서적, 언어적으로 맞추는 것을 말합니다. 신체적 페이싱은 상대방의 시선 위치, 자세, 움직임을 엇비슷하게 따라하는 것입니다. 정서적 페이싱은 상대방의 말에 담겨 있는 감정이나 분위기를 파악해서 현재 상대방이 가진 감정의 상태에 자신을 맞추는 것입니다. 언어적 페이싱은 상대방의 목소리를 들으며 미세한 부분을 파악해 맞추는 것입니다. 상대방의 목소리가 작은데 나만 크게 이야기한다면 균형이 맞지 않습니다. 상대의 목소리가 작으면 작게, 크면 나도 크게, 우울해 보이면 나도 조금 우울하게 행동하는 식이죠.

페이싱의 한 종류로 미러링이 있습니다. 마치 거울을 보듯이 상대방과 동일한 행동을 하는 것입니다. 대화를 할 때 상대방이 커피잔을 들면 나도 시차를 두고 커피잔을 들고, 상대방이 머리를 넘기면 나도 넘기는 식입니다. 모든 행동을 똑같이 따라할 필요는 없지만, 간헐적인 미러링은 친근감을 주고, 상대방의 마음의 문을 여는 데 큰 도움이 됩니다.

네 번째는 상대방의 무의식을 여는 기법으로, 상대방 말의 어미나 키워드를 되풀이하는 것입니다. 이를 백트래킹이라고 합니다. 상대방이 "오늘 보고서 때문에 너무 피곤했어요"라고 말하면 나도 "오늘 무척 피곤했었군요"라고 어미를 반복하면서 이야기하는 식입니다. 그러면 상대방은 내가 그의 말에 공감한다고 생각해 친근감을 느끼게 됩니다. 이 기법을 잘 사용하는 사람은 흔히 리액션이 좋다는 이야기를 듣는데, 실제로 리액션과 비슷한 행동이라 볼 수 있습니다.

타인을 처음 만났을 때 대화가 어렵다면 위의 4가지 라포 스킬을 시도해 보기 바랍니다. 물론 처음부터 잘할 수는 없습니다. 실수도 많이 하고, 생각만큼 잘 되지 않을 수도 있습니다. 그러나 가장 중요한 것은 꾸준한 연습입니다. 실수를 하더라도 자꾸 시도하다 보면 어느새 익숙하게 라포를 형성하는 자신을 발견하게 될 것입니다. 끈기 있게 연습하고 실제 상황에서 꾸준히 적용해 보는 것만이 훌륭한 소통자가 되는 길입니다.

바쁜 사람들을 위한 요약

상대방과 처음 대화할 때는 눈을 마주치고 고개를 끄덕이며 캘리브레이션을 통해 상대방이 어떤 상태인지 파악합니다. 그 후 그 상태에 나를 맞추는 페이싱과 미러링을 합니다. 마지막으로 상대방의 무의식을 열기 위해 상대방 말의 어미나 키워드를 되풀이하는 백트래킹 기법을 사용합니다.

당근과 채찍을 적절하게

: 긍정적인 피드백과 건설적인 피드백

Q.

상사가 제게 칭찬을 하는 건지 질책을 하는 건지 헷갈립니다. 처음에는 칭찬을 하는 것 같다가도 나중에는 질책처럼 끝나기 때문입니다. 일의 과정이나 결과에 대해 명확하게 긍정적 혹은 부정적 피드백을 주면 좋은데, 항상 확실하지 않아 미팅이 끝나고 나면 찜찜한 마음이 듭니다.

"차 매니저님, 지난번 올린 기획안 내용 좋았어요. 레퍼런스를 다양하게 참고해서 그런지 비교 자료가 충실해서 도움이 많이 되었어요."

"감사합니다, 팀장님. 여러 방면으로 비교하려고 노력을 많이 했습니다."

"그런데 새로운 아이디어는 없는 것 같아요. 참신한 기획이어야 주목을 받는데, 너무 평이한 소재라 어떻게 될지 모르겠군요."

"작년과는 다르게 하려고 노력하긴 했는데……. 어떻게 하면 더 좋아질 수 있을지 알려주시면 수정하겠습니다."

이 문제, 어떻게 해결하면 좋을까?

교육학에서는 피드백의 의미를 '학습자의 학습 행동에 대하여 교사가 적절한 반응을 보이는 일'이라고 정의합니다. 심리학에서는 '진행된 행동이나 반응의 결과를 본인에게 알려주는 일'이라고 말합니다. 한국 기업 교육 학회에서 발간한 《HRD 용어사전》에서는 '상대의 행동에 대해 구체적인 반응을 보임으로써, 행동의 강화 또는 변화의 기회를 제공하는 것'이라고 설명합니다.

실제로 피드백을 통해 사전에서의 설명처럼 부하 직원들의 행동을 강화하거나 변화를 줄 수 있습니다. 일을 잘하고 있다면 칭찬을 통해 더 잘할 수 있도록 도와줄 수 있고, 일을 못하고 있다면 질책을 통해 개선시킬 수 있습니다.

일반적으로 조직에서 피드백을 잘 하지 않는 이유는 피드백이 도움이 되지 않는다고 생각하거나, 상대방이 좋아하지 않을 거라고 걱정하기 때문입니다. 굳이 질책을 해서 부하 직원과 불편해질 필요가 없다고 없으니까요. 하지만 피드백을 적절하게 활용하면 더 큰 업무 성과를 낼 수 있습니다.

피드백의 종류는 크게 4가지가 있습니다.

· 긍정적 피드백(칭찬): 잘하고 있는 것을 칭찬함으로써 더 잘할 수 있도록 동기를 부여해주는 피드백입니다.

· 건설적 피드백(질책): 잘못하고 있는 부분의 변화를 일으킬 수 있는 피드백입니다.

· 무의미한 피드백: 전혀 의미가 없는 피드백입니다. 영혼 없는 표정과 말투로 하는 칭찬이 여기에 속합니다. 피드백을 받는 사람은 상대방이 어떤 감정과 마음으로 피드백을 하는지 오감으로 느낄 수 있습니다. 이런 피드백은 상대방에게 관심과 성의가 없음을 확인시켜줄 뿐입니다.

· 학대적 피드백: 듣는 것 자체가 고통이 되는, 인간적인 모

멸감이나 굴욕감을 주는 피드백을 말합니다. 경력직 직원에게 신입 사원보다 일을 더 못한다고 비아냥거리는 것이 대표적입니다. 과거에는 이러한 피드백을 많이 했지만, 요즘에는 큰 문제가 될 수 있습니다. 특히 상사들은 학대적 피드백을 절대로 해서는 안 됩니다.

학대적 피드백의 종류는 다양합니다.

· 인격적인 모욕을 주는 피드백: 업무 문제가 아닌 인격 자체를 무시하는 피드백은 큰 상처를 줄 수 있습니다. 특히 '여성이니까, 나이가 많으니까, 학벌이 좋지 않으니까'와 같은 차별적인 피드백은 감정적인 차원을 넘어 큰 문제가 됩니다.

· 다른 사람과 비교하는 피드백: 같은 팀이나 다른 부서 직원, 다른 회사 사람들과 비교하는 피드백은 사기를 저하시킵니다.

· 부족한 결과에만 초점을 둔 피드백: 업무 성과에만 집착해 과정을 생각하지 않고 결과만을 지적하는 피드백입니다.

· 공개적으로 하는 질책: 잘못한 것이 있더라도 공개적인 자리에서 부정적 피드백을 하는 것은 좋지 않습니다. 질책을 할 때는 개인적으로 불러 사실 중심으로 피드백해야 합니다.

· 제3자를 통해 간접적으로 하는 부정적 피드백: 직접 피드

백하기 불편하다는 이유로 제3자를 통해 부정적 피드백을 간접적으로 전달하는 행위는 좋지 않습니다. 부정적인 이야기는 언젠가 상대방의 귀에 들어가기 마련이고, 그러면 반성이 아닌 분노의 감정을 가지게 될 수 있습니다.

· 여러 가지 메시지가 혼합되어 있는 피드백: 칭찬인지 질책인지 알 수 없는, 명확하지 않은 피드백입니다. 칭찬을 할 때는 칭찬만 하고, 질책할 것이 있다면 따로 피드백하는 시간을 마련해야 합니다.

앞서 소개한 4가지 피드백 중 긍정적 피드백과 건설적 피드백을 잘할 수 있는 프로세스에 대해서 살펴보겠습니다.

– 긍정적 피드백을 통한 행동의 강화

피드백을 할 때는 칭찬과 인정을 구분해야 합니다. 겉으로 드러난 행동, 선택, 좋은 결과에 대해 피드백하는 것이 칭찬입니다. 인정은 그 일을 하기 위해 노력한 과정과 어려움을 극복한 인내심 등 보이지 않는 부분까지 파악하는 것입니다. 긍정적 피드백을 할 때는 눈에 보이는 결과나 성과를 칭찬하되, 보이지 않는 노력이나 과정 또한 확인해서 인정해줘야 합니다.

긍정적 피드백을 할 때 다음과 같은 프로세스를 따르면 상대방은 자신이 진심으로 칭찬받고 있음을 깨닫게 됩니다.

* 긍정적 피드백의 프로세스

긍정적 피드백은 타인에게 동기를 부여하고 자신감을 갖게 하며, 인간관계를 개선하는 최고의 수단입니다. 이런 피드백을 할 때는 AAT 프로세스에 따라 상대방의 강점에 초점을 맞춰 칭찬과 인정을 해주어야 합니다.

· Act(행동): 칭찬받을 만한 행동에 대해 말합니다.

· Actor(사람): 칭찬받는 사람의 동기, 노력 및 능력을 인정해줍니다.

· Thanks(고마움): 칭찬받는 사람에 대한 고마움을 표현합니다.

"잘했어" "최고야" "수고했어"와 같은 막연한 칭찬은 자신의 의도를 진실되게 표현할 수 없습니다. AAT 프로세스를 따라 피드백하면 피드백을 받는 사람은 상대방이 진심으로 나를 칭찬하고 있다고 느끼며, 더 열심히 하겠다고 생각하게 됩니다. 또한 프로세스에 잘 따른 진정성 있는 긍정적 피드백은 듣는 사람이 나의 진심을 잘 받아들일 수 있기 때문에 동기 강화에도 영향을 줍니다.

신입 사원 유동건 씨가 팀에 들어왔습니다. 한 달 동안 지켜보니 매일 1시간씩 일찍 출근해 공동으로 쓰는 서류철이나 책장, 복합기를 깨끗하게 정리한 후 일을 시작합니다. 이런 상황을 여러 번 목격해서 오늘은 꼭 칭찬을 해주고 싶습니다. 일반적으로는 이렇게 말하겠죠.

"유동건 씨! 서류철 정리해준 것 고마워요. 복합기 정리도 고맙고요!"

이러한 피드백도 아예 아무 말도 하지 않는 것에 비하면 나쁘지 않습니다. 그러나 고마운 마음을 제대로 전하고 싶다면 AAT 프로세스에 따라 긍정적 피드백을 해 봅시다.

· Act(행동): 유동건 씨! 오늘 서류철과 복합기 정리해준 것 고마워요.

· Actor(사람): 거의 한 달 전부터 일찍 와서 이렇게 서류철과 공용 기기를 정리하는 것 같은데, 대단해요. 누가 시키지도 않았는데 스스로 선배들을 배려하는 마음이 참 좋네요.

· Thanks(고마움): 다른 팀원들도 모두 감사하게 생각할 거예요. 정말 수고했어요.

- 행동의 변화와 개선을 일으키는 건설적 피드백

피드백을 할 때 가장 하기 힘든 것은 건설적 피드백입니다. 상대방을 위해 한 말이지만 받는 사람 입장에서는 기분이 좋을 수 없습니다. 그렇다고 뭐든 다 "잘했다" "좋다"고 말하면 오히려 신뢰성이 떨어지겠죠. 그래서 상황에 따라 정확하게 말해주되 질책을 할 때는 진심으로 상대방의 발전을 위해 하는 것이 중요합니다.

건설적 피드백은 최대한 감정을 절제하고 상대방의 행동을 중심으로 해야 하며 그 행동 때문에 받은 영향, 앞으로 내가 원하는 기대 성과에 대해서 이야기합니다.

* 건설적 피드백의 프로세스

· Act(행동): 상대방의 개인적 특성이나 성격이 아닌, 잘못에 대한 행동만을 지적합니다.

· Impact(영향): 상대방의 행동으로 일어난 상황에 대한 영향을 구체적으로 표현합니다.

· Next performance(다음의 기대 성과): 상대방에게 바라는 행동과 성과에 대해 상세히 말합니다.

부하 직원이 보고서를 가져왔는데 이미 납기가 지난 데다

문서 양식도 틀렸습니다. 지난번에도 이런 실수가 있어서 피드백을 한 적이 있는데, 또 비슷한 실수를 한 것입니다. 이번에는 건설적 피드백을 해야 합니다. 기분이 나쁘다고 "왜 매번 보고서를 정해진 시간에 가져오지 못하죠? 그리고 문서 양식은 왜 틀린 거죠? 신입 사원도 아니고, 도대체 몇 번을 말해야 똑바로 하겠습니까? 답답해서 정말 일 못하겠네요." 하고 화를 내면, 부하 직원은 자신의 잘못을 알아도 기분이 나쁘고 자존심이 상해서 개선하지 않을 가능성이 큽니다.

잘못된 피드백을 AIN 프로세스를 활용해 건설적 피드백으로 바꿔봅시다.

· Act(행동): 정해진 기한 내에 보고서를 가져오지 못했네요. 문서 양식도 제가 드린 것과 다르고요.

· Impact(영향): 보고서 납기일을 지키지 못하고 문서 양식을 맞추지 않으면 퀄리티와 상관없이 상사의 신뢰를 얻기가 힘들어요.

· Next performance(다음의 기대 성과): 다음부터는 보고서 납기 기한을 잘 확인하고, 문서 양식도 제대로 된 것을 사용해서 보다 완성도 높은 보고서를 주세요. 기대하겠습니다.

건설적 피드백을 받은 부하 직원은 자신의 부족한 점을 제대로 알아 듣고 그 부분을 수정할 수 있습니다.

건설적 피드백 사례를 하나 더 살펴보겠습니다.

매번 회의 시간에 5분씩 늦는 팀원이 있습니다. 이번에는 본부 전체 회의에 10분이나 늦었습니다. 다들 이 팀원이 오기를 기다렸고, 한숨을 쉬는 사람도 있었습니다.

회의가 끝나고 팀원에게 AIN 프로세스에 따라 건설적 피드백을 해 봅시다.

· Act(행동): 지난 회의에도 5분 늦었는데 오늘 10분 늦었네요. 김 매니저가 오지 않아서 다들 기다렸습니다.

· Impact(영향): 회의가 늦어지면 동료들의 다음 일정도 꼬이게 됩니다. 개인에게는 10분이지만, 회사 입장에서는 10명이 모였으니 100분이 낭비된 셈이지요.

· Next performance(다음의 기대 성과): 다음 회의 때는 최소한 5분 전에는 회의장에 도착해 준비를 해줬으면 합니다. 다른 직원들에게도 피해를 주지 않고, 김 매니저도 급하지 않게 회의에 참석할 수 있도록요.

이렇게 이야기했는데도 또 늦는다면 어떻게 해야 할까요? 2번 정도는 AIN 프로세스로 다시 피드백을 합니다. 그럼에도 지속적으로 같은 실수를 한다면 상사의 영향력을 이용해 경고를 해야 합니다. 이와 같은 행동은 인사 평가에 영향을 줄 수 있다, 부서 최고 리더에게 태도 문제를 제기할 수 있다 등 변화와 개선을 일으킬 수 있는 강력한 피드백을 주는 것입니다. 그러나 이렇게 압력을 가하는 경고성 짙은 피드백은 궁극적으로 개인의 변화와 성장에 도움이 되지 못합니다. 지속적인 피드백을 통해서 최대한 스스로 인지하고 변화할 수 있도록 하는 것이 좋습니다.

바쁜 사람들을 위한 요약

궁정적 피드백(칭찬)과 건설적 피드백(질책)을 잘할 수 있도록 프로세스대로 꾸준히 연습해야 합니다.

· AAT 프로세스(긍정적 피드백) : Act(행동) – Actor(사람) – Thanks(고마움)

· AIN 프로세스(건설적 피드백) : Act(행동) – Impact(영향) – Next performance(다음의 기대 성과)

혼내는 건 OK, 화내는 건 NO!

: 혼 vs 화

Q.

신사업 기획에 대한 프레젠테이션을 하는 날, 밤을 새워 연습을 했는데도 완벽하게 수행하지 못했습니다. 사장님과 임원들의 표정이 어두워졌고, 프레젠테이션이 끝난 후 담당 임원에게 엄청나게 꾸지람을 들었습니다. 저 스스로도 죄책감에 마음이 무거운데 직속 상사마저 불같이 화를 내고 가니 정말 일할 맛이 나지 않습니다.

"김 팀장, 준비를 하기는 한 겁니까? 내가 정말 부끄러워서……. 사장님 앞에서 그렇게밖에 못해요?"

"죄송합니다. 제가 새벽까지 계속 자료를 수정하느라 발표 연습을 많이 못했습니다."

"지금 그걸 핑계라고 대는 겁니까? 사장님 앞에서 발표하는데 연습을 못했다는 말이 나와요?"

"상무님, 죄송합니다."

"이게 죄송하다는 말로 해결될 일입니까? 아까 사장님 얼굴 봤어요? 어두운 표정으로 나가시는 것 봤냐고요!"

"정말 죄송합니다."

"이래서 조직 생활 오래 할 수 있겠어요? 회사 생활 하루 이틀한 것도 아닌데 이렇게 무책임해서야……."

이 문제, 어떻게 해결하면 좋을까?

'혼魂을 내다'와 '화禍를 내다'는 크게 달라 보이지 않지만, 사실 매우 큰 차이를 가지고 있습니다. '혼을 내다'는 '호되게 꾸지람을 하거나 벌을 주다'라는 의미입니다. 꾸지람을 통해 정신을 차리게 하고 스스로의 잘못을 인정하게 만드는, 피드백의 한국식 표현입니다.

혼을 내는 사람들은 문제 행동에 대한 영향이나 행동을 한 이유에 대해서 질문하고, 경청과 공감을 합니다. 상대방의 변화를 간절히 바라는 마음이니까요. 그래서 혼이 난 사람은 행동을 수정하거나 생각을 바꾸게 됩니다.

반면에 '화를 낸다'는 '몹시 노하여 화증火症을 내는 것'입니다. 마음속의 분노를 상대방에게 표출하는, 나를 위해서 하는 행동이기 때문에 문제는 해결되지 않고 서로 기분이 상하는 최악의 상태가 됩니다.

화를 내는 사람은 왜 그런 행동을 했는지 질책하거나 문제 행동 때문에 생길 나쁜 영향에 대해 말하게 됩니다. 이때 경청하기보다는 상대방의 말에 반박하게 되고, 감정 표출이 과해져서 상대방의 감정을 상하게 만듭니다. 그래서 행동 변화에 영향을 주기는커녕 상대방이 나를 미워하거나 증오하게 될 수도 있습니다.

좋은 피드백은 혼을 내는 것입니다. 서로가 윈윈하는 결과가 나오기 때문입니다. 사례를 혼내는 상황으로 바꾸어볼까요?

"김 팀장, 오늘 프레젠테이션 발표하느라 수고 많았어요."

"상무님, 정말 죄송합니다. 제가 다 망친 것 같아서 고개를 들 수가 없습니다.”

“직장 생활하다 보면 이런 날도 있죠. 사장님께 어필할 수 있는 좋은 기회였는데 좀 아쉽기는 하네요. 준비 과정에서 무슨 문제가 있었나요?”

“막상 사장님 앞에서 발표하려니까 식은땀도 나고, 말도 더듬게 되고……. 쉽지가 않더라고요.”

“사전에 리허설을 좀 여러 번 해 보지 그랬어요. 연습을 많이 하면 자신감이 생기는데 말이에요.”

“새벽까지 자료를 고치느라 연습을 거의 못했습니다. 자료를 수정하는 대신 연습을 더 많이 했어야 했나 봅니다.”

“그러게요. 자료는 정말 나무랄 것 없이 좋더군요. 다만 발표가 더 중요하다는 걸 간과한 게 좀 아쉬웠어요.”

“네. 완벽한 자료로 보고하려고 했던 제 욕심 때문입니다.”

“이미 지난 일이니 너무 아쉬워하지 말고, 다음에 기회가 오면 그때는 발표 연습을 더 많이 하도록 하세요.”

“네, 명심하겠습니다. 부하 직원들에게도 자료 작성뿐만 아니라 발표 스킬도 기를 수 있도록 조언하겠습니다. 저도 꾸준히 연습하겠습니다.”

“이렇게 말해주니 앞으로는 더 잘할 거라고 믿어요. 이번 경험을 발판 삼아 더 좋은 리더가 될 수 있겠죠?”

바쁜 사람들을 위한 요약

혼이 나면 상대방은 행동을 수정하거나 생각을 바꾸게 됩니다. 혼을 내는 사람들은 최대한 감정을 절제하면서 상대방의 변화를 간절히 바라는 마음으로 피드백을 하기 때문입니다.

저 사람 말투 왜 저래?

: 상대방의 말투 때문에 화가 날 때

Q.

업무적으로 관련된 어떤 사람과 전화를 하고 나면 정말 기분이 나쁩니다. 말투 때문인지 대화를 하고 나면 괜히 '을'이 된 것 같고 인격적으로 무시당한 기분마저 듭니다. 동등한 비즈니스 관계인데도 너무 편하게 이야기하고, 때로는 반말까지 하는데 통화를 거부할 수도 없고 곤란합니다.

"김 사원, 지난번 우리 부서에서 요청했던 자료 준비 되었나요?"

"부서 내 자료 취합이 필요한 상황이라 조금 더 기다리셔야 할 것 같습니다."

"아니, 왜 그런담. 벌써 3일이나 되었는데 아직도 준비가 안 되면 어떻게 하나. 참 답답하네. 그럼 우리도 난감한데 말이지. 좀 제대로 하면 안 되나?"

"부서원들과 같이 준비해야 하는 자료라서요. 다시 한번 진행 상황을 확인해 보겠습니다. 그 이상은 더 해드릴 수 있는 게 없을 것 같습니다."

이 문제, 어떻게 해결하면 좋을까?

커뮤니케이션에 있어 '상호성의 원칙'은 무엇보다 중요합니다. 속담 중 '오는 말이 고와야 가는 말이 곱다'는 상호성의 원칙을 잘 보여주는 말입니다. 상대방이 내게 잘해주면 나도 더 잘해주고 싶은 마음이 듭니다. 반대로 비즈니스 관계에서 나이가 어리다는 이유로 반말을 하거나 어찌할 도리가 없는 일을 해 달라고 부당하게 강요하면, 기분도 상하고 소통하기가 불편해집니다. 상호성의 원칙에 어긋나니까요.

특히 나이가 어리면 바로 반말을 하는 사람들이 유독 많은

데, 이는 나이를 앞세워 기선을 제압하려는 의도가 큽니다. 이럴 때는 직설적이다 싶을 정도로 솔직하게 말해줘야 합니다. 전화로 이야기해도 좋고, 따로 자리를 만들어 털어놔도 좋습니다. "당신과 대화할 때 불편한 부분이 있으니 개선해줬으면 좋겠다"고 말하며 나이가 어리다는 이유만으로 반말을 하는 것은 예의에 어긋나는 행동임을 반드시 확인시켜줘야 합니다.

사람들은 대부분 타인과 대화할 때 의사 표현을 정확하게 하지 않습니다. 불편하고 싫어도 참다가 결국 관계가 영영 틀어지고, 제대로 말 못하는 자신을 탓하기도 합니다. 이런 행동은 스스로를 더욱 힘들게 하고, 업무 의욕을 저하시킵니다. 상대방과도 불편한 관계가 지속되는 탓에 업무 효율성 또한 점점 떨어지게 됩니다.

사례와 같은 상황에 처해 있다면 내 생각을 최대한 솔직하게 이야기하고, 상대방에게 앞으로는 그러지 않겠다는 다짐을 확실하게 받아야 합니다. 그럼에도 불구하고 개선이 되지 않는다면 나를 지키고 성과도 낼 수 있는 환경을 만들기 위해 바뀔 때까지 반복해서 피드백해야 합니다.

바쁜 사람들을 위한 요약

상호성의 원칙을 기억하세요. 인간관계는 윈윈하는 것이 가장 좋습니다. 관계와 소통에서 더 가지려고 욕심내지 마세요. 잘못된 관계 설정은 나중에 부메랑으로 돌아오게 됩니다.

저 팀이랑 같이 일 못하겠어

: 다른 팀과 협업할 때

Q.

저는 다른 팀과 협업을 해야 할 때가 많습니다. 여러 팀의 관계자들과 만나 일에 대한 협조를 구해야 하는데, 도움을 잘 주지 않는 게 문제입니다. 때로는 협상도 해야 하는데 상대방이 안 된다고 말을 자르면 매우 난감합니다. 협상이나 대화가 교착 상태에 빠졌을 때 어떻게 하면 슬기롭게 해결할 수 있을까요?

"저희 홍보팀에서 보내드린 자료는 다 보셨나요? 이번에 기술팀에서 이룬 성과를 회사의 마케팅 포인트로 삼아 보도 자료를 내고 대대적으로 홍보하려고 합니다."

"내용은 잘 봤는데, 아직은 크게 홍보할 정도의 성과는 아닌 것 같습니다. 기술적인 내용이 많이 들어가 있어 자료를 공개하기도 어렵습니다. 이것 말고도 여러 가지 성과가 있으니 이번 건은 나중에 홍보하면 어떨까요?"

"말씀하신 부분 충분히 이해합니다만, 이미 임원 회의에서 결정한 사항이라 저희도 어쩔 수가 없습니다."

"임원들이 자세한 내용을 몰라서 일방적으로 결정한 거잖아요. 저희 팀 임원에게 다시 설명하고 설득하도록 하겠습니다. 어쨌든 도움을 드릴 수는 없습니다."

"저희는 이번에 꼭 해야 한다는 지시를 받아서요. 그렇게 딱 잘라 안 된다고 말씀하시면 어떻게 하나요?"

이 문제, 어떻게 해결하면 좋을까?

우리는 대화나 협상을 할 때 다양한 상황에 직면하게 됩니다. 다 결정된 것 같았는데 막판에 뒤집어지기도 하죠. 그러나 업무 지시를 받은 이상 최선을 다해서 이를 해결하려는 의지를 보여야 합니다. 이럴 때는 협상 분위기를 원래 계획했던 흐름으로 되돌리기 위한 계획이 필요합니다. 흐름을 바꿔주는 것만으로도 목표를 달성하는 경우도 종종 있습니다.

대화가 교착 상태에 빠졌을 때 효과적으로 제안하는 방법은 다음과 같습니다.

1. 휴식 제안

"잠시 쉬었다 할까요?"

"식사 시간이 다 되었네요. 식사하고 나서 좀 더 대화하면 어떨까요?"

"이야기가 매우 길어질 것 같네요. 돌아가서 바쁜 일 먼저 처리하고, 좀 더 다각적으로 검토한 후에 다시 만나 이야기하시죠."

아무리 대화해도 합의점이 도출되지 않으면 긴장감을 줄이기 위해서라도 잠시 휴식을 취하는 편이 좋습니다. 무조건 붙들고 앉아서 시간만 끄는 것은 비효율적인 방식입니다.

2. 장소 바꾸기

"여기 좀 답답한데, 1층 커피숍으로 이동해서 더 이야기해 보는 건 어떠세요?"

"이야기가 좀 깊어지는데, 조용한 회의실로 가서 마저 하시죠."

대화하는 장소를 바꾸면 분위기도 바뀌고 갈등 상황이 환기됩니다. 또 이동하면서 생각을 정리할 수 있고, 전략을 다시 세울 수도 있습니다.

3. 연기하기

"생각지도 못한 이야기가 나왔네요. 서로 생각해 볼 시간이 필요할 것 같으니 오늘 이야기는 여기까지 하고, 다시 일정을 맞춰서 만나면 어때요?"

"이렇게 서로의 입장만 주장할 것이 아니라, 정보도 더 찾아보고 다른 관점에서 생각해 보기도 한 다음에 다시 시간을 정해서 만나면 어떨까요?"

대화가 진전되지 않을 때는 서로가 가진 정보를 다시 확인한 다음 이야기하면 좋습니다. 갈등 상황을 제대로 결론짓지 못한 채 결정을 내리거나 상대방의 감정이 상하지 않도록 시간을 버는 것입니다.

4. 멈추고 되짚기

"잘 협의된 것 같았는데 마무리가 좀 어렵네요. 자, 그럼 이쯤에서 우리가 했던 이야기를 다시 되짚어 볼까요?"

"우리가 했던 이야기 중 걸리는 것이 있을 수도 있겠네요. 하나하나 정리해 봅시다."

"점심 시간이니 식사를 하면서 오전에 말한 것들을 상기해 보면 좋을 것 같네요."

대화가 잘 되다가 중간에 막혀서 진전이 되지 않을 때는 처음 이야기로 돌아가 되짚어 보면 막혀 있는 부분을 쉽게 풀 수 있습니다.

5. 먹거리 제공 및 교환

"우리 차나 한 잔 하면서 이야기할까요?"

"시간이 길어질 것 같으니 다과나 먹으면서 대화하면 더 좋을 것 같네요."

분위기 전환을 위해서 다과를 먹으면서 대화를 하는 것도 좋은 방법입니다. 갈등이 고조될 때 먹거리를 활용하면 상대방의 기분을 변화시킬 수 있습니다.

6. 화제 전환

"결정하기 너무 어렵네요. 우리 쉬운 것부터 먼저 하면 어떨까요? 일정부터 정해 보죠."

"머리 아픈 이야기는 잠시 접어 둡시다, 요즘 회사가 어수선한데, 그쪽 팀 분위기는 어때요?"

"이 문제는 잠시 후에 이야기해 볼까요? 그나저나 운동 다시 시작하셨다면서요. 건강에 도움이 많이 되나요?"

대화가 정체되고 진전이 없을 때 다른 화제를 꺼내는 것도 좋은 방법입니다. 상대방이 더 이상 밀고 나갈 에너지와 변화할 의지가 없을 때 개인적인 이야기를 하거나 다른 주제로 대화하면서 생각할 여지를 남겨 두는 것입니다.

대화가 교착 상태에 빠지면 난감하고 당황스럽습니다. 어떤 방식로든 문제 해결을 해야 하는데 상대방이 협조해주지 않는다고 내 마음대로 결론을 지을 수는 없으니까요. 그럴 때는 앞서 소개한 6가지 제안 방법을 이용해 문제를 되짚어 생각해 볼 시간을 갖고 나중에 대화하는 것이 더 좋습니다.

사례에서는 업무 지시를 받은 내용과 상대방의 생각이 서로 다르므로 잠시 미팅을 연기하고 서로 세부적인 내용을 다시 확인한 후에 미팅을 재개해야 합니다. 두 사람 모두 최종 의사 결정권자가 아니기 때문에 각자의 상사에게 임원 회의에서 결정된 사항을 어떻게 실행해야 할지 의견을 구하고, 추후 협의하는 것이 더 좋은 결과를 낼 수 있습니다.

이처럼 대화가 진전되지 않을 때는 당황하거나 일방적으로 자신의 주장만 하지 말고, 시간을 버는 대화 스킬을 발휘하는 지혜가 필요합니다.

바쁜 사람들을 위한 요약

대화가 교착 상태에 빠지면 난감하고 당황스럽습니다. 그럴 때는 문제를 되짚어 생각해 볼 시간을 갖고, 나중에 대화하는 것이 더 좋습니다.

과장님, 그렇게 말씀하시면 저 속상해요

: 상대에게 상처주지 않는 비폭력 대화법

Q.

상사는 제가 맘에 들지 않나 봅니다. 말을 할 때 좋게 이야기한 적이 없습니다. 일을 지시할 때도, 일상적인 대화를 할 때도 항상 기분 나쁜 말만 골라서 합니다. 직장 상사니까 최대한 맞추려고 해도 계속 감정이 상하고 기분이 나빠지니, 대화가 점점 줄어듭니다. 상사가 말 잘하기 교육이라도 받고 왔으면 좋겠습니다. 이런 상사들은 어떻게 해야 할까요?

"팀장님, 상무님이 오전에 갑자기 급한 일을 지시하셔서 오후에 보고하기로 했던 자료를 내일 오전까지 드려도 될까요?"

"지금 정신 나갔어요? 직속 상사는 난데, 상무님이 일을 주셨다고 내가 시킨 일을 미루는 거예요? 어떻게든 시간을 맞출 생각을 해야지 갑자기 미루면 어쩌자는 겁니까?"

"제가 업무 속도가 좀 느려서 오후까지 전부 처리하기가 어려울 것 같아서 미리 말씀드리는 겁니다."

"그럼 일을 빨리 하려고 더 노력을 해야지, 무조건 미루는 게 잘하는 일인가요? 나 원 참……. 일을 같이 할 수가 있어야지."

이 문제, 어떻게 해결하면 좋을까?

상사와 일할 때 부하 직원들이 가장 난처해하는 경우는 처한 상황도 모르면서 상사가 말을 함부로 할 때입니다. 물론 상사도 나름의 이유가 있을 수 있지만, 일방적으로 막말을 들어야 하는 부하 직원들은 감정 소모가 매우 클 수밖에 없습니다.

이럴 때는 어떻게 대처해야 될까요? 요즘 세대들이라면 말대꾸하듯 바로 응대할 수도 있겠지만, 일반적으로는 참는 경우가 많습니다. 직간접적으로 피드백을 한다 해도 리더가 되면 말하는 스타일이 잘 바뀌지 않습니다. 특히 부하 직원의 피드백이나 조언으로는 바뀌기가 더 어렵습니다. 조직이 큰 경우에는 HR팀에서 소통에 문제가 있는 리더들을 관리하고 교육시키기도 하지만, 일반적인 조직에서는 그냥 묵인하고 넘어가는 경우가 대부분입니다.

상사의 옳지 않은 행동이 반복될수록 직원들은 더욱 힘들어지고 의욕이 저하됩니다. "한마디 말로 천 냥 빚을 갚는다"는 말이 괜히 있는 것이 아니니, 말하기에 문제가 있는 상사들은 반드시 교육이나 코칭 등으로 변화할 수 있는 기회를 제공해야 합니다.

36년 전 공감 대화 프로세스를 창안하고 발전시킨 마셜 로젠버그Marshall B. Rosenburg의 비폭력 대화가 대표적인 공감하는 말하기입니다. 사람들이 말로 분노를 드러내는 것은 자신의 욕구를 잘 모르기 때문입니다. 공감은 그것을 아는 첫 단계이자 가장 중요한 단계입니다.

비폭력 대화Non violent communication는 마음 안에서 폭력성이 가라앉고 우리의 자연스러운 본성인 연민을 품은 상태를 말합니다. 즉, 사람이 가진 선한 본성을 유지한 채 말하기와 듣기를 재구성하는 것입니다. 정직하고 명확한 표현을 통해 경청과 솔직한 관심을 이끌어내, 궁극적으로는 관계에 효과적인 변화를 불러일으키는 말하기 방법이라고 보면 됩니다.

비폭력 대화를 하면 자신의 의사를 분명하고 구체적으로 전달하기 때문에 갈등이 쉽게 해소되고 긍정적인 협업이 가능해집니다. 또 먼저 생각하고 말하기 때문에 실수를 적게 합니다. 조직 내에서 상사와 부하 직원이 서로 비폭력 대화로 말하게 되면 인정과 칭찬이 이어지고, 직원들에게 동기 부여가 되어 조직의 성과가 향상됩니다.

마셜 로젠버그는 좋은 말하기를 '기린의 대화'라고 했습니다. 기린은 육지에 사는 동물 중 가장 큰 심장과 긴 목을 가지고 있습니다. 큰 심장으로 상대를 품고, 긴 목으로 주변을 살피며 공감하는 것이 곧 기린의 대화입니다. 기린의 태도를 취하면 상대방에게 듣기 힘든 말을 들었을 때 자신의 느낌과 욕구에 초점을 맞춰 내면의 평안을 찾을 수 있습니다. 말을 할 때는 상대방의 느낌과 욕구를 쉽게 인식할 수 있게 됩니다.

반면에 나쁜 말하기는 '자칼의 대화'라고 표현했습니다. 자칼처럼 날카로운 이빨과 발톱으로 자신을 보호하기 위해 상대를 공격하고 비난한다는 뜻입니다. 상대방의 말을 들을 때는 모든 책임이 자신에게 있다고 생각해 스스로를 탓하면서 변명하거나 자리를 피하고 이후 죄책감, 우울증, 수치심을 느끼게 됩니다. 말을 할 때는 상대의 말을 모두 공격으로 받아들여 반격, 비난에 초점을 맞추게 됩니다. 상황의 모든 책임을 상대의 탓으로 돌리며, 분노와 폭력을 정당화합니다.

결국 비폭력 대화란 내 마음을 알고 상대 마음을 알아주는, 누구도 상처받지 않는 대화법입니다. 상대방에게 말을 할 때는 상대를 비난하거나 비판하지 않으면서 자신의 마음을 솔직하게 표현합니다. 이때 자신의 말이 제대로 전해졌는지, 자신과 상대방이 원하는 바가 일치하는지 확인해야 합니다. 또 모두의 욕구가 평화롭게 충족되는 방법을 찾을 때까지 대화를 계속해야 합니다.

이야기를 들을 때는 자신의 생각, 선입견, 기대, 가정, 조언하고 싶은 마음 등을 버리고 가르치려는 충동을 절제한 뒤 상대가 가진 느낌, 욕구, 부탁을 잘 관찰하고 공감해야 합니다. 또한 상대방의 입에서 나오는 비난의 말은 충족되지 않은 욕구의 비극적인 표현일 뿐, 나에게 향하는 것이 아님을 인식하고 상대방이 자신을 더 잘 이해하고 표현할 수 있도록 도와줘야 합니다. 타인과의 공감대를 형성한 후 해결 방법을 찾는 것이 곧 비폭력 대화인 셈입니다.

비폭력 대화의 프로세스는 관찰("내가 ~을 들었을 때"), 느낌

(“나는 ~을 느껴”), 욕구(“왜냐하면 나는 ~을 원하기 때문이야”), 부탁(“~할 의향이 있니?”)의 4단계로 구성되어 있습니다.

그렇다면 사례에서 팀장은 어떻게 말하면 좋았을까요?

“김 사원이 상무님 일 때문에 급한 보고서를 좀 늦게 준다고 했을 때(관찰) 순간 당황했어요(느낌). 상무님이 일을 주셨을 때 나랑 먼저 상의를 해서 일정을 조율했으면 좋았을 텐데요(욕구). 다음부터는 이런 일이 생겼을 때 먼저 나하고 상의했으면 좋겠는데, 어때요(부탁)?”

이렇게 말하면 부하 직원의 감정을 다치지 않게 하면서 자신이 원하는 말을 할 수 있습니다. 사례처럼 상대방을 인정하지 않고 상처주는 대화 방식을 고수한다면 둘의 관계는 더욱 나빠지고, 소통은 되지 않을 것입니다.

인도의 철학자인 지두 크리슈나무르티Jiddu Krishnamurti는 “평가가 들어가지 않은 관찰은 인간 지성의 최고 형태”라고 말했습니다. 비폭력 대화 프로세스에서 관찰은 대화를 할 때 상대방이 어떤 이야기를 하는지, 무슨 감정을 가지고 있는지 정확하게 보는 것입니다. 개인의 판단, 의견, 추측, 선입관 등의 평가를 섞지 않고 보고 들은 그대로의 사실만을 진행형으로 표현하면 되죠. 이때 상대를 비난하거나 상대의 잘못을 들추려 해서는 안 됩니다. 관찰하며 느끼는 강한 감정은 다음 단계인 느낌에서 충분히 표현할 수 있으니까요.

상대가 한 말을 그대로 옮기거나 인용하는 것 또한 관찰에 포함됩니다. 이때 평가와 관찰을 잘 구분해야 합니다. 예를 들어 "네가 나를 무시했을 때"는 평가고, "'너는 그것밖에 못하니'라는 말을 나에게 했을 때"라고 말하는 것이 관찰입니다.

우리가 하는 말은 대부분 평가에 가깝습니다. 그래서 대화할 때 기분이 쉽게 나빠지는 것입니다. "우리 상사는 이번 결정을 질질 끌고 있어"라고 평가하지 말고 "우리 상사는 이번 결정 기한을 정하지 못하고 있어"라고 관찰한 사실만을 말하는 것이 좋습니다. "저 상사는 직원의 능력을 인정하지 않는다"는 판단입니다. "저 상사는 직원들의 능력을 평가하는 데 본인만의 기준이 있다"라고 감정을 뺀 채 말하는 것이 대화할 때 도움이 됩니다.

비폭력 대화 프로세스 중 2단계인 느낌은 상대방을 관찰한 것에 대한 나의 감정을 표현하는 행동으로 자극을 받았을 때 우리의 몸과 마음에서 일어나는 반응의 표출입니다. 자신의 느낌을 명확하게 인식하고 솔직하게 표현할 수 있을 때 우리는 좀 더 쉽게 다른 사람과 원만하고 부드러운 정서적 관계를 이루고 유지할 수 있습니다.

느낌을 표현할 때는 생각이나 평가를 섞기보다는 그 밑바탕에 있는 진정한 감정을 찾아 언급하는 것이 좋습니다. 예를 들어 “무시당한 느낌이야!”라는 말에서 ‘누군가 나를 무시하고 있다’는 나의 생각이고, ‘서운하다’가 진정한 느낌 표현에 해당됩니다. “내가 나쁜 상사처럼 느껴져”라는 말은 자신의 생각입니다. “나 자신에게 실망스러워”라고 말하는 것이 느낌을 표현하는 적절한 방법입니다. 생각과 느낌을 잘 구분할 수 있어야 합니다. 또한 상대방의 느낌을 이해할 때는 공감과 반응을 구분해서 말할 수 있어야 합니다.

다음은 공감이 아닌 5가지 반응입니다.

“~은 해 봤어?”는 해결책 제시입니다. “~를 했어야지”는 충고, 조언입니다. “걱정하지 마. 넌 너무 예민해”는 상대방의 감정을 축소하는 것입니다. “내 생각에는 그 팀장이 너를 질투하는 것 같아”는 분석입니다. “뭐 그런 인간이 다 있어!”는 판단입니다. 이런 말들은 반응에 불과합니다. 하지만 우리는 공감이라는 말로 포장하면서 무의식 중에 단순한 반응을 하는 경우가 많습니다.

3단계인 욕구는 자신의 느낌이 내면의 어떤 욕구와 연결되는지 말하는 것입니다. 인간의 마음속에는 빙산이 있습니다. 물 위에 보이는 빙산은 나의 행동과 태도, 즉 겉모습입니다. 생존 방식, 기쁨, 흥분, 즐거움 또한 물 위의 빙산이며, 물 아래 숨어 있는 것들은 나의 욕구와 내 삶의 대처 방식입니다. 이는 소망, 자유, 존중 등과 같은 근원적인 신념이나 가치관과 연결되어 있습니다. 결국 타인을 진정으로 이해한다는 것은 겉으로 보이는 행동과 태도뿐만 아니라 그 속에 숨어 있는 감정과 욕구까지 파악하는 일입니다.

부탁은 바라는 바를 다른 사람에게 표현하는 단계입니다. 이때 부탁과 강요를 구분해야 합니다. 상대방이 꼭 들어주어야 한다고 생각하거나, 상대방이 거절했을 때 마음이 상하거나, 비난이나 처벌을 가하고 싶어지는 것은 일그러진 태도로 강요한다는 증거입니다. 부탁을 할 때는 상대방에게 강요하고 있지 않은지 돌이켜 보아야 합니다.

부탁할 때 구체적으로 말하기, 긍정적으로 말하기, 의문형으로 말하기도 지켜주면 좋습니다. "다음주에 보자." 대신 구체적으로 "다음주 토요일에 보는 거 어때?"라고 말하고, "너 오늘 늦지 마." 대신 "오늘 약속 시간 꼭 지켜줄래?"라고 긍정적으로 말하고, "조용히 해." 대신 "소리가 조금 큰데 낮춰줄 수 있니?"라고 의문형으로 말하면 상대방이 부탁을 더 잘 들어줄 것입니다.

비폭력 대화를 사용하면 대화가 물 흐르듯이 편안하고, 상대방과의 협력이 가능해집니다. 상대방의 입장에서 생각하고 공감하면서 동시에 자신의 느낌과 욕구를 명확하게 표현하는 것이 비폭력 대화의 핵심입니다.

사례에서 김 사원이 비폭력 대화를 배웠다면 팀장에게 이렇게 말했겠죠.

팀장님이 어제 기획서를 보시고 저에게 무책임하다고 하셨잖아요. (관찰)

그때 저는 매우 서운했습니다. (느낌)

전날 밤까지 새면서 정말 최선을 다해서 기획서를 작성했거든요. 팀장님에게 인정과 칭찬을 받고 싶었습니다. (욕구)

물론 기획서에 부족한 부분이 있기는 했지만, 그래도 제가 노력했다는 것을 조금 더 알아주셨으면 좋겠습니다. (부탁)

말을 함부로 하는 것은 쉽지만, 이미 내뱉은 말을 다시 담기는 어렵습니다. 상사와 부하 직원이 서로에게 비폭력 대화를 사용한다면 말 때문에 상처받고 힘들어하는 일이 훨씬 줄어들 것입니다.

바쁜 사람들을 위한 요약

비폭력 대화는 우리의 삶에 영향을 미치는 행동을 관찰하고 그에 대한 느낌을 표현하여 나와 상대방의 욕구, 가치관, 원하는 것을 찾아낸 뒤 구체적인 행동을 부탁하는 공감 말하기입니다.

우리 팀장은 말할 때 배려심이 없어

: 상대방의 감정을 고려한 말하기

Q.

우리 팀장은 업무를 지시하거나 대화를 할 때 말을 너무 함부로 합니다. 자신이 하고 싶은 말은 대놓고 심하게 해놓고, 부하 직원들이 얼마나 큰 상처를 받았는지에 대해서는 개의치 않습니다. 그래서 지시를 받을 때마다 꺼려지고, 이제는 인간 자체가 싫어지고 있습니다.

"김 대리, 이리 와 보세요. 제가 지난주 회의 때 이야기한 자료 분석, 이게 다 한 건가요?"

"네, 팀장님. 그때 말씀하신 내용을 중심으로 만들어 봤습니다."

"참 답답하네요. 그게 자료 분석입니까? 자기 아이디어나 생각도 좀 넣어서 새로운 내용으로 자료를 만들어야지. 이것 참, 신입 사원도 아니고."

"팀장님, 죄송합니다. 제가 잘못 판단했습니다. 지시하신 대로만 해야 하는 줄 알고……. 다시 작성해서 보고 드리겠습니다."

이 문제, 어떻게 해결하면 좋을까?

대화를 할 때는 상대방을 배려하는 기술이 필요합니다. 특히 상사가 부하 직원에게 함부로 말하는 경우가 많은데, 이렇게 말을 함부로 해서 모멸감을 주면 듣는 사람은 일 자체에 회의감을 갖게 됩니다. 따라서 말하는 방법을 제대로 아는 것은 성과에 있어서도 매우 중요한 일입니다.

서양에서는 조직원들에게 필수적으로 교육시키는 말하기 기술이 있습니다. 바로 '아이-메시지I-message'로 말하는 방법입니다. 아이-메시지란 '나'를 주어로 해 자신의 감정과 생각을 솔직하게 표현하되, 상대방의 감정을 상하게 하지 않는 말하기 기술입니다.

3일 전에 요청한 자료를 오 사원이 아직 가져오지 않았을 때 아이-메시지 방식으로 말한다면 "오 사원, 3일 전 제가 요청했던 자료 분석이 늦어지니 좀 걱정이 되네요"라고 할 수 있겠죠. 이때 걱정이 되는 사람은 '나'입니다. 이렇게 나의 생각과 감정을 솔직하게 이야기하면 상대방은 자신이 약속을 지키지 못했음을 자각해 기간 내에 일을 마치기 위해서 더 열심히 하게 될 것입니다.

반대로 '너'를 주어로 상대방의 행동이나 태도를 평가하거나 비판하는 것은 '유-메시지You-message'라고 부릅니다. "오 사원, 내가 3일 전 요청한 자료 아직도 준비 안 됐어요? 제대로 날짜를 지켜서 준 적이 없군요. 빨리 해서 갖다주세요"라는 말은 공격적인 느낌이 듭니다. 공격을 받으면 상대방은 저항하고 싶어지고, 감정이 상해 함께 일하고 싶지 않을 것입니다.

아이-메시지 방식 말하기는 많은 장점이 있습니다.

1. 자신의 입장과 감정을 효과적으로 전달할 수 있어 서로를 이해하는 데 도움이 됩니다.

2. 개방적이고 솔직하다는 느낌을 줍니다.

3. 상대방과 공감대를 형성할 수 있습니다.

4. 상대방이 자신의 느낌을 수용하고 자발적으로 문제를 해결하고자 하게 됩니다.

반대로 유-메시지 방식 말하기는 단점이 많습니다.

1. 상대의 문제를 비우호적으로 지적함으로써 상호 관계를 파괴합니다.

2. 내 일방적인 강요나 비난, 공격으로 들릴 수 있습니다.

3. 상대가 변명하려 하거나 저항적인 태도, 공격성을 보이게 됩니다.

또한 다음과 같은 행동은 상대방에게 심리적 좌절감을 불러일으킵니다.

· 명령, 지시, 요구: 오늘 오후까지 반드시 다 하세요.

· 비난, 우롱: 박사라면서 실력이 그 정도밖에 안 되나요?

· 심리 분석, 진단: 내 말에 발끈하는 것을 보니 열등감이 아주 큰가 봐요.

· 비교: 옆 팀 오 대리는 항상 일처리가 깔끔한데, 임 대리는 영 아닌 것 같아요.

이처럼 유-메시지 방식 말하기는 상대방의 사기를 꺾어 일을 더 못하게 만듭니다. 그러나 조직의 리더들은 유-메시지 방식 말하기에 익숙해져 있습니다. 피드백은 일을 더 잘하게 만들려고 하는 것인데, 듣는 사람 입장에서는 오히려 일하기 싫어지고 마는 것이죠.

실제 업무에서 아이-메시지 방식으로 잘 말할 수 있는 방법은 다음과 같습니다.

먼저 아이-메시지 방식으로 말을 한 후에는 상대방의 반응을 살피고, 다시 적극적인 경청의 자세를 가져야 합니다. 차 대리에게 상무님이 지시한 내용이니 빨리 데이터 통계를 내서 가져와 달라고 했는데 차 대리가 이렇게 말했습니다. "팀장님, 제가 이사님이 주신 자료를 오후까지 정리해서 보고해야 해서요. 말씀하신 데이터 통계는 김 대리가 주로 처리하고 있으니 김 대리에게 지시하시는 것이 더 좋을 것 같습니다."

이때 "차 대리, 자네는 왜 이렇게 센스가 없나? 상무님이 급하게 지시하신 건데 그냥 먼저 하면 되는 거지. 그리고 입사한 지 4년 차인데 아직도 데이터 통계내는 게 익숙하지 않아서 어떻게 할 건가?"라고 유-메시지 방식으로 말하면 상대방에게 상처만 줄 뿐 일은 잘 풀리지 않을 것입니다.

"아, 그래요? 상무님 일이 급하긴 하지만 데이터 통계에 익숙하지 않다고 하니 김 대리에게 부탁해야겠네요. 그런데 우리 부서에 온 지도 2년이 넘었으니 데이터 통계내는 법을 연습하는 게 좋을 것 같아요. 그렇죠?"라고 아이-메시지 방식으로 말한다면, 상대방의 감정을 상하게 하지 않으면서도 하고 싶은 말을 다 할 수 있습니다. 차 대리가 익숙하지 않은 데이터 통계 업무에 능숙해질 수 있도록 동기 또한 부여해줄 수 있죠.

상대방의 행동으로 인해 생긴 부정적인 감정을 강조하지 않는 것도 중요합니다. 김 사원이 보고해야 할 자료를 늦게 주었을 때 유-메시지 방식으로 "김 사원이 오전까지 해야 할 보고를 해주지 않아서 오후 스케줄이 엉망이 되었잖아요. 어떻게 할 거예요?"라고 말하는 것은 상대방을 공격하는 말일 뿐입니다.

보고를 못 받아서 화가 나더라도 아이-메시지 방식으로 "제때 보고서를 못 받아서 일정에 차질이 생겼습니다. 무슨 일 있었나요?"라고 말하면 상대방은 배려 받고 있다고 생각하게 됩니다. 그러면 "팀장님, 죄송합니다. 상무님께서 오늘 아침까지 준비하라고 하신 보고서가 있어서요. 너무 급하다고 하셔서 먼저 진행하고 있었습니다. 미리 말씀드리지 못해 죄송합니다"라고 자신의 입장을 편하게 말해줄 것입니다.

이처럼 아이-메시지로 말하면 이유든 변명이든 상대방이 편하게 대답할 수 있습니다. 이것이 아이-메시지의 힘입니다.

마지막으로 상대방의 입장을 생각하고 배려하는 마음을 가져야 합니다. 내일 아침 일찍 출장을 가야 해서 지금 확인서를 발급받을 수 있는지 물었을 때 상대방이 “지금은 곤란합니다. 신청서를 접수하고 기다리셔야 하는데, 최소 하루 정도는 걸립니다. 갑자기 무작정 해 달라고 하시면 안 됩니다”라고 대꾸했다고 해 봅시다.

이때 “지금 당장 필요한데 왜 이렇게 절차만 따지세요. 내가 지금 놀고 있는 것 같아요? 총무팀은 제대로 도와주는 적이 없네요, 정말”이라고 유-메시지 방식으로 말한다면 일처리가 빨리 될까요? 오히려 담당자의 화만 돋구겠죠.

이런 상황에서는 “죄송하게 되었습니다. 제가 미리 신청서를 냈어야 했는데 요즘 일이 너무 바쁜 나머지 깜빡했습니다. 출장갈 때 확인서를 가지고 가지 않으면 우리 회사가 막대한 피해를 입을 수 있어서요, 어렵게 수주한 건이라 이번만 좀 부탁드리겠습니다”라고 아이-메세지 방식으로 자신의 입장을 이야기한 후 상대방에게 부탁하면 더 좋은 결과를 얻을 수 있을 것입니다.

아이-메시지 방식으로 말하는 법에 대한 구체적인 프로세스를 알아보겠습니다.

· 상황/행동: 나는 ~할 때

· 감정: ~라는 느낌이 듭니다.

· 이유: 왜냐하면,

· 조치/희망 사항: 그래서 말인데요,

교육 때마다 스마트폰만 보고 집중하지 않는 박 주임에게 한마디 할 때 유-메세지 방식으로는 이렇게 말할 수 있을 것입니다.

"박 주임, 매번 교육 중에 스마트폰을 보고 가끔은 게임도 하는 것 같은데, 도대체 왜 그러나요? 회사에 놀러 왔습니까? 교육도 일의 연장인데 그렇게 개인적인 행동을 하면 되겠어요? 다음부터는 똑바로 하세요!"

말하는 입장에서는 틀린 말을 한 건 아니지만, 듣는 입장에서는 기분만 나빠질 것입니다.

위 문장을 아이-메시지 방식으로 이야기해 볼까요?

· 상황/행동(나는 ~할 때): 박 주임님, 제가 교육 중에 보니까 스마트폰을 자주 보고 가끔은 게임도 하더라고요.

· 감정(~라는 느낌이 듭니다): 교육 담당자 입장에서는 박 주임의 그런 행동이 좀 불편합니다. 교육도 일의 연장이니까요.

· 이유(왜냐하면,): 이 교육을 잘 들어야 매뉴얼도 제대로 숙지할 수 있고, 실제 고객과 만났을 때 학습한 내용을 잘 적용할 수 있지 않을까요?

· 조치/희망 사항 : 그래서 말인데요, 다음부터는 교육을 받을 때 스마트폰은 주머니에 넣어 두고 교육에 집중하면 좋겠어요. 스마트폰을 사용해야 할 업무가 있다면 쉬는 시간에 처리하시고요.

이렇게 말하면 듣는 사람은 자신의 잘못을 들켜 버린 것 같으면서도 나를 위해 좋은 말을 해주고 있으니 다음부터는 교육 중에 스마트폰을 보지 말아야겠다고 생각할 것입니다.

말은 곧 상대방에 대한 배려를 표현하는 것입니다. 상대방의 상황을 고려하지 않고 하고 싶은 말을 다 해 버리면 상대방에게 상처를 줘 일이 잘 되지 않겠죠. 인간은 감정의 동물이라서 한마디의 말로 모든 것을 얻을 수도 있고 잃을 수도 있습니다.

수많은 갈등 상황에서도 상대방의 입장에서 말하는 것이 조직에서 일을 할 때 가장 중요하다는 사실을 알아야 합니다. 아이-메시지와 같은 말하기 스킬로 상대방을 배려하면서 대화하면 상대방의 신뢰를 얻을 수 있습니다.

바쁜 사람들을 위한 요약

아이-메시지 방식 말하기는 상대방에게 내 입장과 감정을 동시에 전달하기 때문에 서로를 이해하는 데 도움이 됩니다. 이때 상대방은 나의 느낌을 수용하고 자발적으로 문제를 해결하려고 하게 됩니다.

제 말은 그게 아니고요…….

: 목표 집중 대화로 의도 유지하기

Q.

상사와 어떻게 대화를 해야 할지 잘 모르겠습니다. 대화를 시작하기 전에는 '이렇게 해야지' 했는데, 막상 대화를 하고 나면 의도하지 않았던 결과만 남아서 허탈합니다. 어떻게 하면 효과적으로 대화를 시작할 수 있을까요?

"팀장님, 이번에 주신 보고서 자료는 제가 검토하고 자료를 추가해서 작성해 보겠습니다."

"오 사원, 그냥 최대한 빨리 만들어서 가져오세요."

"네, 그런데 자료가 부족한 부분이 많아서 보완해야 할 것 같습니다."

"뭐라고요? 부족하다니요? 제대로 다 읽어 보긴 했습니까?"

"아니, 제 말은 그런 뜻이 아니고……. 추가 자료가 있으니 함께 보겠다는 말이었습니다."

이 문제, 어떻게 해결하면 좋을까?

처음부터 타인과 효과적으로 대화하기란 어려운 일입니다. 나의 생각을 제대로 전달하기도 어렵지만, 제대로 듣는 것도 어렵습니다. 이것이 목표 집중 대화를 해야 하는 이유입니다.

목표 집중 대화는 말 그대로 말하고자 하는 목표를 잃지 않고 끝까지 그에 집중하는 대화를 말합니다. 말은 눈에 보이지 않고 감정이 쉽게 노출되기 때문에 잘못하면 대화가 전혀 의도하지 않았던 방향으로 흘러갈 수 있습니다. 그러면 아쉬움이 생기고 감정만 상하게 됩니다. 그러므로 처음부터 집중할 이야기를 정해야 합니다. 물론 모든 상황을 순간적으로 파악할 수는 없지만, 의식적으로 여러 가지 판단을 하며 목표에 집중하려고 노력해야 합니다.

논쟁이 벌어졌을 때는 먼저 상대방이 나를 공격하는 말을 하고 있는지, 아니면 대화의 목표를 공격하고 있는지를 판단해야 합니다. 상대방이 나를 직접적으로 공격하고 있다면 논쟁을 피하고, 대화의 목표를 공격하고 있다면 논쟁을 해도 됩니다. 목표를 두고 협상을 하거나 결론을 내야 하니까요. 이렇게 어떤 상황에서 대화하고 있는지 명확히 인지해야 성공적인 대화를 할 수 있습니다.

두 번째, 상대방의 태도나 행동 문제를 꼭 지금 다루어야 할지를 판단해야 합니다. 상대방의 태도나 행동이 마음에 들지 않더라도 이 문제가 지금 해야 할 대화의 목표가 아니라면 나중에 이야기해도 됩니다. 목표가 달성되지도 않았는데 기분이 상한다고 해서 부정적인 감정을 말하거나 태도를 지적하면, 대화 자체가 성립되지 않을 수도 있기 때문입니다.

세 번째, 스스로 이성적인지, 감정적인지 파악해야 합니다. 대화를 하다 보면 감정적으로 변하는 자신을 발견하기 쉽습니다. 감정이 격해지면 대화를 잠시 연기하는 결단을 내려야 합니다. 업무 협상을 하는데 감정적으로 대화가 진행되면 해결될 일도 그르칠 수 있기 때문입니다. 일을 할 때는 이성과 감정을 분리하려고 노력해야 합니다. 자신의 상태를 정확히 파악해서 상대방에게 서운한 부분이 있어도 감정적으로 행동하지 않도록 합니다.

네 번째, 상대방이 취하는 행동의 의도를 알고 있는지 따져봐야 합니다. 대화를 할 때는 언제나 상대방의 말에 어떤 의도가 담겨 있는지 알아야 합니다. 대화를 해도 감조차 잡을 수 없다면, 추측해서 판단하지 말고 보다 깊은 질문과 소통을 통해 의도를 파악해야 합니다. 그래야 실마리가 풀립니다.

목표 집중 대화를 통해 방향을 잃지 않고 원하는 그 길을 끝까지 가 목적을 달성하는 것이 가장 중요합니다. 업무에서는 대화도 결국 더 좋은 성과를 내기 위한 전략이니까요.

바쁜 사람들을 위한 요약

말은 잘못하면 전혀 의도하지 않았던 방향으로 흘러갈 수 있으므로, 대화도 전략적으로 해야 성과에 도움이 됩니다. 이를 위해 목표 집중 대화를 연습해야 합니다.

매니저님, 사실 제 마음은요

: 진솔하게 대화하는 법

Q.

조직원들과의 관계가 중요하다는 생각을 많이 하는데, 업무 중에는 다들 바쁘다 보니 진솔하게 대화하기가 쉽지 않습니다. 이럴 때 어떻게 하면 서로 터놓고 대화할 수 있을지 궁금합니다. 또 먼저 대화를 시도하는 것이 좋은지, 아니면 그냥 눈치껏 맞춰 가는 게 더 나은지 알고 싶습니다.

"김 매니저님, 지난주에 부탁드렸던 벤치마킹 자료 정리 다 했나요?

"박 매니저님, 급한 것 같지 않아서 아직 시작하지 않았는데요. 혹시 급한 일인가요?"

"네? 제가 분명히 이번 주까지 해 달라고 말씀드리지 않았나요? 왜 마음대로 판단해서 일처리를 합니까? 매번 제 말을 제대로 듣지 않으시는 것 같네요. 책임감이 너무 없으신 거 아닌가요? 그럴 거면 그냥 혼자 일하시죠."

"아니, 그게 아니라……."

이 문제, 어떻게 해결하면 좋을까?

'진솔하다'의 사전적 의미는 '진실하고 솔직하다'입니다. 우리는 누구나 솔직한 대화를 하고 싶어 하지만, 상대방이 그렇게 받아들이지 못할 때가 많습니다. 그럼에도 불구하고 시간을 내서 진솔하게 대화할 기회를 만들면 업무에서 더 나은 성과를 낼 수 있을 것입니다.

사례에서 박 매니저는 정보를 왜곡하고 잘못된 판단을 했습니다. 평가, 판단, 미루어 짐작한 생각만 있을 뿐, 사실은 없었습니다. 대화를 할 때 주관적으로 판단해 버리면 상대방은 감정이 상하게 됩니다.

박 매니저가 진솔하게 이야기를 하고 싶다면 다음과 같이 하면 좋습니다.

"김 매니저님, 아직 벤치마킹 자료 정리가 안 되셨군요. 제가 이번 주까지 해야 한다고 말씀드린 것 같은데, 오해가 있었나 봅니다. 바쁘시겠지만 내일까지 정리해서 주실 수 있을까요?"

이처럼 자신의 생각을 진실되고 솔직하게 말하면서 기대하는 바를 함께 이야기하는 것이 진솔하게 말하는 방법입니다. 돌려 말하지 않고, 왜곡하지 않으며, 불필요한 감정을 버리고 대화하면 어렵던 문제도 쉽게 풀 수 있습니다. 내가 먼저 상대방의 손을 잡으면, 더 가까워질 수 있을 것입니다.

바쁜 사람들을 위한 요약

진솔하게 대화하기란 있는 사실을 그대로 이야기하고 이에 더해 기대하는 바를 말하는 것입니다. 서로가 진솔하게 말하면 더 우호적으로 업무를 할 수 있고, 더 나은 성과를 낼 수 있습니다.

과장님이 자꾸 나랑 A를 비교해

: 각자의 성과와 역량 수준에 맞는 커뮤니케이션 방법

Q.

팀원과 업무 성과에 대한 커뮤니케이션을 할 때 매우 힘듭니다. 일을 잘하는 직원과 못하는 직원에게 말하는 방법이 달라야 한다고 생각은 하지만, 매번 같은 기준을 바탕으로 커뮤니케이션을 하다 보니 상대적으로 역량이 떨어지는 직원들의 감정이 상하는 것이 보입니다. 아무래도 역량이 좋은 직원과 비교하게 되니까요. 성과와 역량에 따라 커뮤니케이션하는 방법을 알려주세요.

"임 과장님, 지난번 프로젝트 결과가 좋지 않네요. 왜 그랬나요?"

"팀장님, 프로젝트가 혼자 감당하기에 범위가 넓었고, 업무 자체가 버거웠습니다."

"그렇다면 미리 이야기를 했어야지, 말도 안 하고 그렇게 엉망으로 해 놓으면 어쩌라는 겁니까? 옆 팀 오 과장은 비슷한 규모의 프로젝트인데도 좋은 결과를 만들었잖아요. 저한테는 임 과장의 말이 핑계로밖에 들리지 않는데요."

이 문제, 어떻게 해결하면 좋을까?

입사 연도나 직급이 같은 직원들이라도 똑같은 역량을 기대할 수는 없습니다. 따라서 리더는 직원의 역량에 따라 커뮤니케이션을 다르게 해야 합니다.

역량이 떨어지는 직원들에게는 직접적으로 메시지를 제시하여 이를 바로 실행할 수 있도록 도움을 줘야 합니다. 몇 가지 대안을 주고 그 안에서 선택할 수 있도록 하는 것이 좋습니다.

반대로 역량이 높은 직원에게는 일일이 설명하기보다는 적절한 비유를 사용하고 질문을 많이 해서 문제의 핵심과 답을 스스로 깨달을 수 있도록 이끌어주면 더 큰 성과를 냅니다.

- 고성과 직원 동기 부여법

1. 성공의 원인에 대해 말하게 하고, 성공 경험을 뒤돌아 보게 합니다. 그러면 스스로 성찰함으로써 깊은 통찰을 가질 수 있습니다.

2. 잘한 이유와 방법을 강조하면 성공 요인이 강화되는 효과를 얻을 수 있습니다. 이렇게 동기를 부여하되, 성공의 굴레에 빠지지 않도록 추가적인 보완을 할 수 있는 여지를 줍니다.

3. 일을 잘했기 때문에 하는 단순한 칭찬이나 격려가 아니라, 성공에 중요한 기여를 했음을 느낄 수 있는 의미 있는 피드백을 합니다. 이는 추후 더 큰 일을 할 수 있는 힘이 됩니다.

- 저성과 직원 동기 부여법

1. 스스로 문제를 해결하는 힘을 기를 수 있도록 다양한 교육 기회를 주고, 업무가 진행될 때마다 함께 모니터링함으로써 실수하지 않도록 도와줍니다.

2. 성과가 나지 않는 직원들에게는 나름의 이유가 있습니다. 무조건 나쁘게 판단하지 말고 그 이유를 파악하면서 발전할 수 있는 팁을 계속 제공해주는 것이 좋습니다.

3. 더 좋은 성과를 위해 필요한 것이 무엇인지 직접 말하게 합니다. 저성과자들은 대부분 일을 잘하고 싶어 하지만, 노하

우나 프로세스를 모르는 경우가 많습니다. 그러니 궁금한 점을 언제나 물어볼 수 있도록 힘들고 어려울 때마다 리더가 도와줄 것이라는 의지와 신뢰를 보여주어야 합니다.

4. 피드백을 줄 때는 무엇을 어떻게 개선해야 하는지에 대한 구체적인 의견을 제시합니다. 저성과자들은 질책 받을 때가 많으므로 무조건 비난하거나 질책하기보다 지금보다 더 잘할 수 있는 방법에 대해서 꾸준히 말해주어야 합니다. 잘못한 것에 대한 사실을 지적하되, 앞으로 실수하지 않고 일할 수 있는 방법과 마인드 컨트롤 방법까지 지도해줄 수 있어야 합니다.

역량과 성과가 교차되는 직원들과도 커뮤니케이션하는 방법이 각각 달라야 합니다.

1. 저역량 – 저성과 직원: 컨설팅Consulting

부하 직원의 현 수준을 명확히 알려줍니다. 업무 성과가 낮은 원인이 무엇인지 함께 분석하고 목표 달성을 위한 활동과 기간을 정해서 지속적으로 중간 점검을 합니다. 역량과 성과가 모두 떨어지기 때문에 학생을 가르치듯 성장할 때까지 꾸준히 관리해줘야 합니다.

2. 고역량 – 저성과 직원: 카운셀링Counseling

가급적 질문으로 부하 직원 스스로 자신의 일을 인지할 수 있도록 유도합니다. 업무 수행 과정에서의 어려움이나 고민을 확인하여 그들이 생각하는 목표 달성 방안을 듣고, 방향성 중심의 조언을 제공합니다. 역량은 충분하나 성과가 떨어지는 경우이므로 직원들이 궁금해하는 지식이나 기술에 대해 자세히 알려주고 성과를 낼 힘을 스스로 키울 수 있도록 도와줍니다.

3. 저역량 – 고성과 직원: 티칭Teaching

업무 수행 과정에서 발견된 직원의 부족한 점을 명확히 전달하고 성과 유지와 향상을 위해 보완해야 할 사항을 구체적으로 설명합니다. 이런 직원들은 열심히 해서 좋은 결과를 내기 때문에 난이도가 높은 일이 주어지면 성과가 떨어질 가능성이 큽니다. 따라서 낮은 역량을 끌어올리기 위한 구체적인 가르침이 필요하며, 효과적으로 일할 수 있는 방법을 같이 고민해야 합니다.

4. 고역량 – 고성과 직원: 코칭Coaching

직원 스스로 목표를 명확히 인식하고 책임감을 갖도록 독려하고, 목표 달성을 위해 지속적으로 노력할 수 있도록 격려합니다. 이들은 가만히 둬도 알아서 잘하는 인재들입니다. 다만 방향성이 틀릴 수 있으므로 지금보다 더 좋은 인재가 될 수 있도록 코칭을 실시합니다. 어떻게 해야 지금보다 더 훌륭한 인재가 될 수 있을지 질문을 통해 스스로 생각하게 하고, 문제 해결도 스스로 하도록 도와주는 것입니다. 새로운 역량을 개발하기 위해 지속적으로 지원해주고 창의적인 아이디어가 나오면 실행할 수 있도록 여건을 마련해줍니다.

바쁜 사람들을 위한 요약

직원의 역량과 성과에 따라 커뮤니케이션 방식이 달라져야 합니다. 저역량 저성과 직원은 컨설팅, 고역량 저성과 직원은 카운슬링, 저역량 고성과 직원은 티칭, 고역량 고성과 직원은 코칭을 통해 관리합니다.

결론 먼저? 이유 먼저?

: 논리적이고 설득력 있게 업무 보고하는 법

Q.

제 상사는 보고를 들을 때 "결론부터 말해 봐요"라고 말하는 경우가 많습니다. 저는 업무 보고를 할 때 먼저 자료 검토한 부분을 설명하고 이유를 말한 후 결론을 말하는 경향이 있는데, 자꾸 결론부터 말하라고 하니 당황스럽습니다. 어떻게 해야 상사의 마음에 드는 보고를 할 수 있을지 알고 싶습니다.

"임 사원, 다음부터 업무 보고할 때는 무조건 된다, 안 된다, 좋다, 아니다와 같이 결론부터 말하고 보고를 시작했으면 좋겠어요."

"네, 그런데 반드시 결과가 명확하게 나오지는 않아서요. 우선 설명을 충분히 들으신 후에 판단하셔도 좋을 것 같은데요."

"제가 모든 것을 다 듣고 판단할 만큼 시간이 많지가 않아요. 우선 결론을 들어보고, 필요하면 원인이나 근거 들을 더 들어 볼 테니까 다음부터는 결론부터 빠르게 보고하도록 하세요."

"네, 알겠습니다."

이 문제, 어떻게 해결하면 좋을까?

리더들은 언제나 바쁩니다. 부하 직원이 많을 경우에는 더욱 의사를 결정해야 할 때가 많습니다. 그래서 대부분의 리더들은 우선 결론을 듣고 싶어 합니다. 그러니 보고할 때는 무조건 결론부터 간략하게 말하고, 원인과 근거 등을 이어서 보고해야 합니다. 이때 결론만 듣고도 의사 결정이 끝나면 리더들은 더 이상 보고를 원하지 않을 수도 있습니다.

PREP 프로세스를 사용하면 논리적이면서도 중간에 끊기지 않는 보고가 가능해집니다. 회의나 미팅, 기타 보고 상황에서 이 프로세스에 따라 말할 수 있도록 준비하는 것이 좋습니다.

PREP는 Point – Reason – Example – Point의 약자로, 논리적으로 요점을 말하고, 그 요점에 대한 이유를 설명한 뒤 사례와 근거를 들어 다시 한번 결론을 말하는 방식입니다. 이야기하고 싶은 결론의 이유와 근거가 있기 때문에 상대방이 쉽게 수긍할 수 있습니다. "결론이 뭔데"라고 자주 이야기하는 상사에게 사용하면 더욱 효과적입니다.

– Point(결론)

보고할 때 가장 유의해야 할 점은 결론부터 말해야 한다는 것입니다. 의견을 수용할지, 반려할지를 결정하기 위해서는 명확한 결론Point을 알아야 하기 때문입니다. 결론을 말할 때는 상대가 듣고 싶은 핵심이 가장 먼저 귀에 들어올 수 있도록 구성해야 하며, 명확하고 간결하게 이야기해야 합니다.

· (찬성이나, 반대 의견 등을 표현할 때)제 의견은 ~입니다.

· 저는 ~하는 편이 좋다고 생각합니다. (~을 권해 드립니다. ~해야 한다고 생각합니다 등)

· 결론부터 말씀드리면 ~입니다.

· 제가 여기에서 말씀드리고 싶은 것은 ~입니다.

· 여기에서 가장 중요한 것은 ~입니다.

– Reason(이유)

결론을 말한 후에는 그 결론이 나온 이유를 설명하면 됩니다. 이유는 논리의 핵심이라고 할 수 있습니다. 이를 명확하게 설명할 수 있어야 상대방을 납득시킬 수 있으니까요. 이유를 이야기할 때는 전체적인 것부터 설명한 후 세부적인 부분을 설명하면 좋습니다.

· 왜냐하면 ~이기 때문입니다.

· 근거는 ~에 있습니다.

· 그 이유는 ~입니다.

– Example(사례)

타인을 설득할 때는 이유에 대한 명확한 근거 사례가 있어야 합니다. 결론과 이유가 정확해도 사례나 데이터가 정확하지 않으면 신뢰를 얻기 힘듭니다. 따라서 보고를 할 때는 가장 정확하고 확실한 데이터와 레퍼런스를 근거로 삼아야 합니다.

· 예를 들면,

· 구체적으로 말씀을 드리자면,

· ~의 경우를 보면,

· 이것은 ~의 경우입니다만,

· 만약 ~라고 합시다. 그러면 여기에서~

· ~에 대해 생각해 봅시다.

– Point(결론)

결론을 한 번 더 이야기하는 것은 내용을 확실하게 전달하고 설득에 마침표를 찍기 위해서입니다. 반복을 통해 강조하는 효과도 낼 수 있습니다. 사람들은 이야기를 반복해서 들으면 더 중요한 것으로 인식하니까요.

· 따라서 이를 고려할 때

· 결론적으로

· 다시 말씀 드립니다만

· 마지막으로 말씀 드리고 싶은 것은 ~입니다.

· 이렇게 되었으니 여러분이 ~해주셨으면 합니다.

· 꼭 ~했으면 합니다.

다음은 PREP 프로세스로 말하기의 좋은 예입니다.

팀장님, 회사의 재택근무 비율을 월 30퍼센트에서 50퍼센트로 상향 조정하려 합니다. (결론)

이번 코로나19 재난 상황 때 2개월간 재택근무 비율을 80퍼센트까지 올렸는데, 업무 성과가 저하되지 않았기 때문입니

다. (이유)

실제 2개월간 진행한 내용을 바탕으로 작년과 매출, 영업 이익 등을 비교해 보니 큰 변화가 없었습니다. 직원들 또한 업무 목표를 달성하는 데 전혀 문제가 없었으며, 향후 재택근무 확대에도 거부감이 없었습니다. 일부 어려움이나 개인적인 문제들은 진행하면서 보완하면 될 듯합니다. (사례)

그래서 재택근무 비율을 1차적으로 50퍼센트까지 확대하고, 1년 후 업무 성과 체크와 직원 설문 조사 등을 거쳐 의견을 취합한 후 추가 확대 여부를 결정하려 합니다. (결론)

바쁜 사람들을 위한 요약

PREP는 Point – Reason – Example – Point의 약자로, 논리적으로 요점을 말하고 그 요점에 대한 이유를 설명한 뒤 사례와 근거를 들어 다시 결론을 말하는 방식입니다. 이야기하고 싶은 결론의 이유와 근거가 있기 때문에 상대방이 쉽게 수긍할 수 있습니다.

이번엔 확실하게 설득할 거야

: 논리적으로 밀어붙이는 스킬

Q.

상대방을 제대로 설득하지 못하는 것이 고민입니다. 세일즈 상황에서 항상 감정이 앞서 논리적으로 설명하지 못한 탓에 마지막에 좌절되는 경우가 많습니다. 어떻게 하면 상대방을 확실하게 설득할 수 있을까요?

“이번 계약 조건은 귀사에 매우 유리합니다.”

“어떻게 유리한지 구체적으로 말해줄 수 있나요?”

“아, 지금 상품의 가격이 올해 들어 가장 저렴하거든요.”

“제가 그걸 어떻게 알죠? 물건 파는 사람들은 항상 지금 가격이 가장 저렴하다고 하는 것 같아요.”

“아……. 그게, 정말입니다. 자료를 다 보여드릴 수도 없고……. 진짜라니까요.”

이 문제, 어떻게 해결하면 좋을까?

논리는 상대방을 설득시킬 수 있는 가장 강력한 무기 중 하나이므로, 논리를 제대로 세우는 방법을 알아야 합니다. 그렇지 않으면 상대방에게 허점이 드러나 역공을 당할 수도 있습니다.

첫째, 부적절한 감정과 함께 사용한 논리는 이미 논리가 아닙니다. 어떤 감정도 없는 중립적인 상태에서 설득을 해야 합니다. 이야기에 감정이 들어 있으면 논리가 맞더라도 상대방은 신뢰하기 힘들 테니까요.

둘째, 상대방의 논리를 반박하는 논리는 논쟁을 불러일으킵니다. 논리를 논리로 반박하면 내가 이겼다는 성취감을 가질 수 있지만, 상대방은 또 다른 논리로 재반박을 하게 됩니다. 따라서 상대방의 논리를 반박하기보다는 제안을 통해 설득을 하는 것이 더 효과적입니다.

셋째, 너무 많은 논리를 사용하면 주제가 희석되거나 초점이 흐려집니다. 논리적인 말하기는 설득하는 데 효과적이지만, 계속 논리만 말하면 오히려 무슨 말을 하고 싶은지 헷갈릴 수 있습니다. 논리의 함정에 빠지는 셈이죠. 따라서 가장 중요한 논리 하나만 사용하는 것이 좋습니다.

세일즈에서 논리적으로 상대방을 설득하기 위해서는 양괄식 구조를 사용하는 것이 효과적입니다.

1. 제안: 상대방의 이익에 초점을 맞춰 제안합니다.

"지금 이 상품을 구매하는 것이 귀사에 더 유익합니다."

2. 연결: 주도권 확보를 위해 자신감 있게 제안합니다.

"유익한 이유는 많지만, 가장 중요한 것 2가지만 말씀드리겠습니다."

3. 논리적인 제안: 중요한 것이나 긍정적인 내용은 최대한 나중에 배치합니다.

"현재 상품 제조에 필요한 원료의 원가가 가장 저렴하기 때문에 구매가도 가장 낮습니다. 또 일정 수량 이상을 구매하면

30퍼센트 할인이 추가로 들어가, 지금이 이 상품을 가장 싸게 살 수 있는 좋은 기회입니다. 그러니 지금 구매하시면 귀사에 매우 유리합니다."

4. 요약: 분명하고 명확하게 논리를 요약합니다.

"상품 원가도 저렴하고 할인까지 받을 수 있으니 지금 사는 것이 최고의 적기라는 사실을 알아주셨으면 합니다."

한 논리를 처음부터 마지막까지 꾸준히 가져가면 상대방이 반박하기 어렵습니다. 감정적인 동요 없는 논리적 말하기가 중요한 이유입니다. 논리로 상대방을 압도하면 결국 설득이 가능해지니까요.

바쁜 사람들을 위한 요약

논리적인 설득을 할 때 주의해야 할 3가지가 있습니다. 먼저 부적절한 감정을 담은 논리는 배제하야 합니다. 또 상대방의 논리를 반박하는 논리는 논쟁을 불러일으킵니다. 마지막으로 너무 많은 논리를 사용하면 주제가 희석되거나 초점이 흐려집니다.

에필로그

좋은 인간관계를 맺고 싶어 하는 마음은 누구에게나 있지만, 실제로 원하는 관계를 맺는 것은 쉽지 않습니다. 그래서 자신이 원하는 바와 타인의 욕구가 다를 수 있음을 인정하고 어떻게 상대방과 맞출 수 있을지 고민해야 할 필요가 있습니다.

다만 인간은 자기중심적이기 때문에 타인에게 나를 맞추기보다는 타인이 나에게 맞춰주기를 바랍니다. 그 욕구를 누르고 타인을 배려하는 사람은 좋은 관계를 맺을 수 있지만, 자기중심성을 유지하며 관계를 지속하는 사람은 어려움을 겪을 수밖에 없습니다.

결국 좋은 관계는 나 자신이 만들어 가는 것입니다. 사람들과의 관계가 힘들다면 스스로 어떤 사람인지, 원하는 것이 무엇인지 내면의 욕구까지도 잘 살펴보아야 합니다. 그렇게 나 자신을 탐색하면서 사람들과 어떻게 관계를 맺어야 할지 고민하면, 과거와 달라진 자신의 모습을 확인할 수 있습니다.

우리는 직장 생활을 하면서 수많은 사람들과 만나 일을 합니다. 기쁜 일도, 슬픈 일도 일어납니다. 너무나도 다양한 사람들 속에서 나의 정체성을 돌아보기도 합니다. 관계와 소통 그리고 리더십까지, 사람 사이에서 벌어지는 많은 일들을 이 책에 담고 싶었습니다. 담담히 말하지만 우리 모두가 힘들고 어려워하는 고민들을 마음으로 들어주며 답을 만들어 가고 싶었습니다. 그 문답의 결과물이 한 권의 책으로 나오게 되었습니다.

오랜 기간 책을 쓰고 강의를 해 온 저에게도 관계와 소통, 리더십이라는 주제는 여전히 어렵습니다. 한해 한해 나이가 들어가면서 내가 알고 있는 지식도 깊어지리라는 착각은 여전히 유효합니다. '시간이 갈수록 알아야 할 것이 더 많아진다'가 더 진실에 가까운 말인데요. 끊임없이 학습하며 스스로를 몰아붙이는 이 시간들이 힘들 때도 있지만, 좋은 결과를 얻기 위한 대가라는 것을 알기에 지금도 자리에 앉아 글을 쓰고 있습니다.

책을 탈고할 때마다 기쁨과 함께 큰 책임감이 생겨납니다. 이 책이 꼭 누군가에게 도움이 되었으면 좋겠습니다. 지식뿐만 아니라 선한 영향력 또한 얻을 수 있으면 좋겠다는 생각을 해 봅니다. 마지막으로 독자들의 시선이 달라지고 자신을 돌아보는 계기가 되기를 기원하며, 저부터 그런 사람이 되겠다고 결심해 봅니다.

삶은 여전히 어렵고 복잡하지만, 변화할 가능성이 있기에 우리는 미래를 기대하는 것이겠죠.

코끝을 스치는 시원한 바람이 유난히 기분 좋은 날입니다. 고맙습니다!

통찰이 가득한 작업실에서

소통과 공감 유경철

업무 소통이 힘든 당신에게

1판 1쇄 발행 2021년 1월 18일
2판 1쇄 발행 2023년 3월 15일

지 은 이 유경철
펴 낸 이 신혜경
펴 낸 곳 마음의숲

대 표 권대웅
편 집 김도경 윤소현
디 자 인 유미소
마 케 팅 노근수 조아라

출판등록 2006년 8월 1일(제2006-000159호)
주 소 서울특별시 마포구 와우산로30길 36 마음의숲빌딩(창전동 6-32)
전 화 (02) 322-3164~5 팩스 (02) 322-3166
이 메 일 maumsup@naver.com
인스타그램 @maumsup
용지 (주)타라유통 인쇄·제본 (주)에이치이피

ISBN 979-11-6285-140-1 (03320)

*이 도서의 국립중앙도서관 출판예정도서목록(CIP)은 서지정보유통지원시스템 홈페이지(http://seoji.nl.go.kr)와 국가자료종합목록 구축시스템(http://kolis-net.nl.go.kr)에서 이용하실 수 있습니다.
(CIP제어번호 : CIP2020055288)